十戒の心

# 神のみ前に立って

大住雄一

教文館

目次

十戒（私訳）　11
第1回　ナアマンの話　15
第2回　お言葉ですから　23
第3回　神のみ前に出るために　30
第4回　神のみ前で、私は何者でしょう　39
第5回　私は主　その1
――主の名　46
第6回　私は主　その2
――主が名乗られるとき、そこに主御自らがいます　53
第7回　「お前の神」になってくださった主　61

第8回　エジプトの地、奴隷の家からお前を導き出した　69
——私が今この私であるために

第9回　ほかに神があってはならない、私を差し置いて　75
——主だけを見つめて

第10回　彫像を造ってはならない　82
——何を造ってはいけないのか　ご利益宗教との違い

第11回　あらゆるかたちを　89
——神のかたち、神の像

第12回　嫉みの神　95
——私は主のもの

第13回　罪の連座と千代にわたる恵み　102
——家族の救いのために

第14回　主の名を虚しいことのために唱えてはならない　110
——主をわが物にする罪
第15回　シャッバート　その1　119
——シャッバートとは何か　聖なる場所と聖なる時
第16回　シャッバート　その2　128
——解放の追体験と天地創造のリズムの回復
第17回　シャッバート　その3　136
——家族で守る聖日
第18回　父母を敬え　143
——親孝行ではなく、親が神のみ言葉を子に伝えるがゆえに
第19回　シャッバートを守ることと父母を敬うこと　152
——信仰共同体の時間軸

第20回　殺すな　160
——命はだれのものか
第21回　姦淫するな　169
——神のみ前で恥じることのない関係
第22回　盗むな　177
——不満はどこから来るか
第23回　偽証するな　186
——裁判を正しく行うことは隣人を愛すること
第24回　むさぼるな　その1　195
——姦淫や盗みとの違い
第25回　むさぼるな　その2　202
——隣人と平和であるために

第26回　まとめ　その1　210
――神を愛することと隣人を愛すること
第27回　まとめ　その2　219
――なぜ「戒め」なのか
参考文献　226
あとがき　227

※聖書の引用は「私訳」と断らない限りは、新共同訳聖書によっている。

装丁　熊谷博人

# 神のみ前に立って——十戒の心

# 十戒（私訳）

## 出エジプト記二〇章一―一七節

1そこで神はこれらすべての言葉を語って言われた。

2私こそは主、あなたの神、あなたをエジプトの地、奴隷の家から導き出した者である。

3あなたには、私を差し置いて、ほかの神々があってはならない。

4自分のために彫像を造ってはならない。すなわち、上は天にあるもの、下は地にあるもの、また地の下の水にあるもののいかなる形も。

5それらにひれ伏してはならず、それらに自ら仕えようとしてはならない。まことに私こそは

## 申命記五章六―二一節

6私こそは主、あなたの神、あなたをエジプトの地、奴隷の家から導き出した者である。

7あなたには、私を差し置いて、ほかの神々があってはならない。

8自分のために彫像を造ってはならない。上は天にあるもの、下は地にあるもの、また地の下の水にあるもののいかなる形も。

9それらにひれ伏してはならず、それらに自ら仕えようとしてはならない。まことに私こそは

主、あなたの神、嫉みの神、私を憎む者らには、父祖たちの悪を子ら、三代目、四代目に報いる者。6そして、私を愛する者ら、私の命令を行う者らには、千代にも慈しみを行う者。

7あなたは主、あなたの神の名を、虚しいことのために唱えてはならない。主はその名を虚しいことのために唱える者を許してはおかれない。

8思い出すこと、安息日を。これを聖とせよ。

9六日は働いて、あなたの仕事をすべてなしなさい。10しかし第七の日は主、あなたの神の安息日である。どの仕事もなしてはならない、あなたとあなたの息子も娘も、あなたのしもべもはしためも、あなたの家畜も、門にいるあなたの寄留者も。

---

主、あなたの神、嫉みの神、私を憎む者らには、父祖たちの悪を子らと三代目と四代目に報いる者。10そして、私を愛する者ら、すなわちその命令を行う者らには、千代にも慈しみを行う者。

11あなたは主、あなたの神の名を、虚しいことのために唱えてはならない。主はその名を虚しいことのために唱える者を許してはおかれない。

12守ること、安息日を。これを聖とせよ。主、あなたの神があなたに命じたもうたとおり。

13六日は働いて、あなたの仕事をすべてなしなさい。14しかし第七の日は主、あなたの神の安息日である。どの仕事もなしてはならない、あなたとあなたの息子も娘も、あなたのしもべもはしためも、あなたの牛やろば、すなわちあなたの家畜もみな、門にいるあなたの寄留者も。

[11]まさに六日、主は天と地を、海とそこにいるすべてをなして、第七の日に休息された。それゆえに主は安息日を祝福して、これを聖とされた。

[12]重んじよ、あなたの父と母とを。そうすればあなたの齢は増すであろう、主、あなたの神があなたにたもうた土地で。

[13]殺してはならない。
[14]姦淫してはならない。
[15]盗んではならない。
[16]あなたの隣人に対して偽りの証しをもって答えてはならない。

---

こうしてあなたのしもべやはしためもあなたと同様休息するのである。[15]そうして思い出さねばならない。あなたはエジプトの地で奴隷であったが、主、あなたの神がそこから、強い手と伸ばされた腕をもってあなたを導き出されたのだ。それゆえ主、あなたの神はあなたに命じて安息日を行うようにされた。

[16]重んじよ、あなたの父と母とを。主、あなたの神があなたに命じたもうたとおり。そうすればあなたの齢は増し、あなたに幸せがあろう、主、あなたの神があなたにたもうた土地で。

[17]殺してはならない。
[18]また、姦淫してはならない。
[19]また、盗んではならない。
[20]また、あなたの隣人に対して虚しい証しをもって答えてはならない。

17あなたの隣人の家を欲しがってはならない。あなたの隣人の妻を、そのしもべとはしためを、その牛とろばを、すなわちあなたの隣人のものはすべて、欲しがってはならない。

---

21また、あなたの隣人の妻を欲しがってはならない。そしてあなたの隣人の家を、その畑を、そのしもべとはしためを、その牛とろばを、すなわちあなたの隣人のものはすべて、むさぼってはならない。

# 第1回　ナアマンの話

今日からご一緒に聖書のみ言葉、特にその中の十戒を味わいたいと思います。シリーズの題名は「神のみ前に立って――十戒の心」としました。神のみ前、それは私たちが本当はいるべき居場所です。私たちは神のみ前にこそいたいと願っています。その願いを詩編四二篇はこのように歌います。

## 私の本当の居場所

涸れた谷に鹿が水を求めるように
神よ、わたしの魂はあなたを求める。
神に、命の神に、わたしの魂は渇く。
いつ御前に出て
　神の御顔を仰ぐことができるのか。
（二―三節）

どのようにしたら、私たちは神のみ前に行けるのでしょうか。いつ、み前に出て神のみ顔を仰ぐことができるのでしょうか。私たちは今、神のみ前に自分の居場所を持っていません。持っていないというより、本来は持っていた神のみ前の居場所を、今は失っている。それが私たちではないでしょうか。本当はそこにいるべき場所を失っているのが私たちの現実ではないでしょうか。

神のみ前から自分の身を隠し、神に背を向けてしまった者、それが罪人です。罪人という言葉が浮かび上がってきますが、私たちはみ前にふさわしくない罪人ではないでしょうか。居場所を失った私たちが、その神のみ前に立つということは、神御自らが導き、招き、励ましてくださらないならばできません。しかし、神は私たちを待っていてくださいます。み前から失われて帰ってこないかもしれない私たちに、神は真実を尽くして、いつも、そしてどこまでも、待ち続けてくださった。待つだけではなくて、独り子イエス・キリストを私たちに遣わしてくださいました。

## 本当の居場所に帰るために

主イエスは、神のみ前にふさわしくない者が、それにもかかわらずみ前に立つために、私たちの罪を赦すために御自ら犠牲となってくださいました。このイエス・キリストが、神のみ前に一緒に立ってくださいます。神のみ前まで一緒に行ってくださいます。そして、その道を教えてくださいます。主が一緒に歩いてくださる道です。ところが、主イエスが私たちを導いて、共にいて、神のみ前に行ってくださると言っても、神のみ前まで主イエスについていくというのがどういうことであるのか、今の私たちには分かりません。ですから、どのようにすることが、主イエスと一緒にいることであるのか、それも主が教えてくださっているのです。

主イエスと一緒に歩いて神のみ前に出る道。それは、一つは主イエスのみ名によって祈ることです。主のみ名によって祈るということは、主が共にいて、共に祈ってくださるということです。いや、私たちが祈る祈りを主が共に祈ってくださるのではない。まず、主イエス御自らが「天にいます御父よ」とお祈りになりました。主御自らが祈るその祈りに、私たちも加わらせていただくのです。主がお祈りになる祈りとはどのような祈りでしょうか。これも主イエスが教えてくださいました。教会で共に祈っている「主の祈り」です。

もう一つの道は、神のみ心に従ってみることです。神のみ心はどこに表されているのでしょうか。それは聖書のみ言葉の中に、特に十戒に表されています。けれどもそうなると、神のみ心に従うということは難しくて、私たちにはできないのではないかと思われます。しかし、ここでも実はそのみ心を行っているのは、主イエス御自らなのです。主イエスが実現しておられる神のみ心です。私たちは主イエスに伴われてそのみ心のままに歩むのです。神のみ前に、主イエスと共に立ちます。しかし、そこにいる私たちは、神のみ心を行おうとしながらもできません。私たちはみ前から身を隠すほかない罪人だからです。ですから私たちは、キリストが共にいてくださらなければ神のみ前に立つことはできません。神に赦していただくほかどうしようもない者として、主イエスと共に神のみ前に立ちます。そのことを神はお喜びくださいます。

## 三要文

教会がキリストを宣べ伝えていくために、また次の世代へと信仰を渡していくために、信仰問答（カテキズム）というものを用いてきました。教会によってそれぞれの信仰問答があります。その信仰問答には三要文（さんようもん）――三つの大切な言葉、三つの要となる言葉――があります。ほとんどの信仰問答はその三要文の解説として組み立てられています。その大切な三つの言葉の最初が、教会が代々にわたって告白してきた使徒信条です。そこには、私たちが神のみ前に立つために、主イエスがどういう方であって、何をしてくださったのかということが述べられています。逆に、私たちが救われるためにどうあるべきか、私たちが何をすべきか、ということは一切言われていません。私たちを救う神はどのような神でいらっしゃるのか、神が私たちを救うために何をしてくださったのかを挙げ、その神を賛美、告白しているのです。私たちが神のみ前に立つためにイエス・キリストが来てくださって、御自らを犠牲としてくださったということ、このことが使徒信条に明らかにされています。

あと二つの要文は、私たちがそのようにして救われたのならば、今度は私たちがどのように生きることになるのかという信仰生活を教えるものです。一つは主の祈りであり、もう一つが十戒です。信仰告白、特に代々の教会が告白してきた使徒信条、そして主の祈りと十戒。この三つを信仰問答は私たちに教えます。主の祈りと十戒によって、救われた者の生活が、つまりは神のみ前に立つ生活、神のみ前を歩む生活なのだと教えているわけです。それで、私たちはこれから十戒を手がかりに神のみ前に立つ道を探していきましょう。

今日はまず、十戒そのものに入る前に、なお主イエスに伴われてそのみ心のままに歩む道への招きを聖書のみ言葉から聴き取ってみたいと思います。そういう意味で聖書の一か所を読んでみます。聖書を読むにはどうしたらよいかということをよく聞かれますけれども、まずは読んでみる。どうなるか分からないけれども――分かるかどうかも分からないけれども――、まずは読んでみる。そういうことが大事だと思います。読んでみなければ分からないし、読んでみれば分かります。もちろん、聖書を読んでみて納得できないところもあるかもしれませんし、難しい言葉があるかもしれません。けれども、まずは聖書を読む。そうすれば分かります。聖書はそういう書物です。

先ほど、神のみ心に従うことについても、まずは神のみ心に従ってみると申しました。聖書の言うことが本当のことなのか。神は本当にいらっしゃるのか。私たちの祈りを聞いてくださるのか。私たちの歩みを本当に支えてくださるのか。聖書の言葉の通りに歩んでいいのか。私たちは疑問を持ちます。けれどもそれも、まずはみ言葉の通りに歩んでみたら分かるようになるのです。祈りについて言えば、主が私たちにこのように祈れとお教えくださった祈りを祈ってみる。そうすれば、祈りが聴かれていることが分かります。

## 神のみ前に出た人――ナアマン

さて、今日は旧約聖書から一節をご紹介します。列王記という書物があって、これはイスラエルが王国であった時代の歴史です。上下巻とありますが、その下巻の第五章に、イスラエルの敵ダマスコの将軍であったナアマンの話が出てまいります。彼は重い皮膚病にかかっていたと言われています。彼はどうしても癒されたいと思っていたわけですけれども、たまたまナアマンが戦争で勝利を収めて、捕虜としてイスラエルの少女を連れてくる。その少女がイスラエルには預言者がいると言います。ご主人さまがサマリアの預言者のところにお出でになれば、その重い皮膚病を癒してもらえるでしょう。ナアマンは治りたいですから、この少女の言ったことを、主君であるダマスコの王に告げます。すると王は、イスラエルの王、つまりサマリアの王に手紙を書いて、この家来の重い皮膚病を治してやってほしいと頼みました。アラム人のダマスコはイスラエルの敵です。敵の王から、普通は治らないと言われる重い皮膚病を治してやってくれと言われた。これはイスラエルを陥れようとすることだと王は考えます。そして、怒って衣を裂いた。その噂を聞いたエリシャは、「その男を私のところによこせ。彼はイスラエルに預言者がいることを知るだろう」と言いました。イスラエルに預言者がいる。それはつまり、イスラエルに神が臨んでおられて、その神の臨在を預言者が表しているということです。イスラエルには神がいるのだ。そのことを彼は知るだろうと言うのです。訪ねてきたナアマンはエリシャの言葉によって癒されるのですけれども、この話は、先ほど申しましたような、まずは信じてやってみようという、私たちの信仰入門にふさわしい物語だと思います。

重い皮膚病から清めてもらおうとはるばる訪ねてきたナアマンは、威儀を正して預言者エリシャに会おうとします。ところがエリシャは直接会おうとしません。使いを遣わして言わせます。「行け、七たびヨルダン川で身を洗え」。ナアマンは怒ります。自分は、彼が出て来て立ち、主、彼の神の名を呼んで、手を患部の上にかざし、皮膚病を治してくれるのだと思っていた。この怒りは私には思い当たるところがあります。こういうふうに救ってほしい。こういうふうに自分のことを受け入れてほしい。大事にしてほしい。私たちはそう思うのです。その期待を裏切られると、馬鹿にするなと怒ります。当然でしょう。

しかし、家来たちは怒る主人をなだめます。できないことを言われたわけではないのですから、まず試してごらんになったら、と。救いを求める私たちは、もっと大変なことをせよと言われた方がありがたいと思います。これで確かに救われるのではないかと思えるからです。期待を持てる。ナアマンもまたそういう大変なことを期待していたのでしょう。しかし、ナアマンは怒りながらも、家来になだめられて、言われたとおりに七たびヨルダン川で身を洗います。すると体は元通りになりました。この話は、信じて清められたナアマンの信仰の話でもありますが、それよりもむしろ、イスラエルには神が臨在しておられて、そのみ言葉が不思議な清めの儀式もなしに、預言者の口から直接語られたのでさえないのに、ただ神のみ言葉であるがゆえにナアマンを清めた、というみ言葉の力の証しです。

み言葉の力に出会ったナアマンは、主を信じる者として国に帰っていきます。お言葉だからやってみる。そのことがなかったら、ナアマンは神のみ前に立つことはできませんでした。み前に立ったときに、ナアマンという人のあり方に大逆転が起こりました。彼の体は王のものであり、リンモンという神の崇められている国の王の家臣でした。ナアマンはそれまではリンモンの神のものです。しかし、今やナアマンは主のものになりました。確かに彼は国へ帰っていきます。王の家臣であり続ける。国王の介添えをしてリンモンの神にひざまずかねばならない。しかし、そういう国に生きていながらも、ナアマンはもはや国王のものではなく、リンモンのものでもありません。彼はエリシャに願って、自分で祭壇を築くためにイスラエルの土を持って帰ります。土をもらって帰る。それは決してエリシャと出会った記念として持って帰ったのではありません。出エジプト記の二〇章で明らかにされていますが、主のための祭壇を築くのには土で築かなければなりません。彼はリンモンの神の領域であるアラム人のダマスコに帰りました。しかし、自分の家に主の祭壇を築きました。その国にありながら、主のみ前に生きる者になりました。

私たちは神のみ言葉にそのまま従って、それを実現することができるかどうか分かりません。それどころか、意味の分からないところや納得できないところもあります。でも、それがみ心ならやってみよう。また、してはいけないと言われることがみ心ならば、そうしたことをやらない生活をしてみよう。そうすれば、私たちが神のみ前にいることが分かります。これが十戒に従う生活への招きです。

# 第2回　お言葉ですから

## 主イエスとの出会い

先回は、教会に信仰問答というものがあって、その中で三要文——三つの要となる言葉——を解説していると申しました。その三つの言葉というのが、使徒信条、主の祈り、十戒でした。教会が代々にわたって告白してきた使徒信条は、どのようにして私たちが神のみ前に立つことができるようになったのかを教えます。あとの二つ、主の祈りと十戒は、救われた者の生活は神のみ前を歩む生活なのだと教えている。そして、主に伴われてみ前に出る生活への招きとしてナアマンの物語をご紹介しました。

今日はもう一つ、今度は新約聖書にある物語をご紹介します。ペトロと呼ばれたシモンが主イエスの弟子として召された箇所を読んでみましょう。ルカによる福音書五章一節から一一節のみ言葉です。ここを読むと、み言葉に従うとはどういうことであるかがわかります。

イエスがゲネサレト湖畔に立っておられると、神の言葉を聞こうとして、群衆がその周りに押し寄せて来た。イエスは、二そうの舟が岸にあるのを御覧になった。漁師たちは、舟から上がって網を洗っていた。そこでイエスは、そのうちの一そうであるシモンの持ち舟に乗り、岸から少し漕ぎ出すようにお頼みになった。そして、腰を下ろして舟から群衆に教え始められた。話し終わったとき、シモンに、「沖に漕ぎ出して網を降ろし、漁をしなさい」と言われた。シモンは、「先生、わたしたちは、夜通し苦労しましたが、何もとれませんでした。しかし、お言葉ですから、網を降ろしてみましょう」と答えた。そして、漁師たちがそのとおりにすると、おびただしい魚がかかり、網が破れそうになった。そこでもう一そうの舟にいる仲間に合図して、来て手を貸してくれるように頼んだ。彼らは来て、二そうの舟を魚でいっぱいにしたので、舟は沈みそうになった。これを見たシモン・ペトロは、イエスの足もとにひれ伏して、「主よ、わたしから離れてください。わたしは罪深い者なのです」と言った。とれた魚にシモンも一緒にいた者も皆驚いたからである。シモンの仲間、ゼベダイの子のヤコブもヨハネも同様だった。すると、イエスはシモンに言われた。「恐れることはない。今から後、あなたは人間をとる漁師になる」。そこで、彼らは舟を陸に引き上げ、すべてを捨ててイエスに従った。

## 私はだれだったのか

主イエスは夜通し漁をしても何もとれなかったシモンにこう仰せになりました。「沖に漕ぎ出して網を降ろし、漁をしなさい」。シモン・ペトロは、本当は「お言葉ですが」と言いたい。夜通し働いたのに何もとれなかった。自分はこのゲネサレト湖の漁師です。生まれたときからここにいて、長い間漁師をしてきた。その私が夜通し働いたのに、今日は何もとれません。これ以上どうせよと仰せですか。

み言葉を聞くときの私たちの気持ちも同じです。救われたいのだけれども、こうしてごらんとおっしゃる主イエスに向かって、「お言葉ですが」と答える。そうやって自分を通そうとする。これが主イエスに向かう私たちの姿です。「お言葉ですが」と言い、自分がどうやってもうまくいかなかったことを、主イエスにも分かっていてほしいと思うのです。

しかしこのとき、シモン・ペトロは「お言葉ですから」と言って従いました。「わたしたちは、夜通し苦労しましたが、何もとれませんでした」と答えたその言葉には、「お言葉ですが」と言いたい気持ちが表れていますけれども、その後に「だからもう網を降ろしたくありません。網はもう洗ってしまいました」とは答えずに、「しかし、お言葉ですから」と答えた。どうしてそんな答えができたのでしょうか。このときにペトロに話しかけたのが神の言葉であったからだと考えるほかありません。「お言葉ですが」と答えずに、「しかし、お言葉ですから」と答えるほかなかった。神の言葉がシモン・ペトロに向けられていたと言うほかありません。そして、「お言葉ですから」と言って網を降ろしたときに、大漁になりました。

この話は、自分の専門知識よりも主イエスの言葉を信じたシモン・ペトロの信仰を物語るものであるように見えますけれども、本当に証ししようとしていることはシモン・ペトロの信仰ではありません。そうではなくて、半信半疑の中、「しかし、お言葉ですから」と言って従うと、そのお言葉が実現したという証しであります。

ゲネサレト湖のほとりに主イエスが立っておられると、群衆が集まってきて神の言葉を聴こうとした。主イエスがここで語ろうとしておられたこと、そして語られたことは、神の言葉です。同じ主イエスが、今度はペトロに「沖に漕ぎ出して網を降ろせ」とおっしゃった。「お言葉ですから」と網を降ろすと、お言葉のとおりになった。神のみ言葉が語られ、神のみ言葉であるがゆえに実現した。神のみ言葉が語られたがゆえに起こった奇跡を見て、ペトロは、主イエスが神御自らでいますことに気づきました。それで主の足元にひれ伏して言います。「主よ、わたしから離れてください。わたしは罪深い者なのです」。シモン・ペトロはゲネサレト湖で小さい頃から働いてきた漁師です。それ以外の何者でもない。しかし今、神のみ前に立っていることに気づいて、「わたしは罪深い者なのです」と告白しました。

神のみ前に出たときに、私たちは罪人としての自分の姿があらわにされます。私たちは本当は神のみ前にいるべきなのに、そこから離れてしまっていて、そこにいることがふさわしくない者になってしまっています。ですから、私たちが神のみ前に出たときに、神と自分がいかに離れているかということを知るのです。しかし、神の言葉を聞いて、「しかし、お言葉ですから」と言ってその通りにしてみるならば、私たちは本当にその場所にはふさわしくない罪人としてではありますけれども、神のみ前にいることを知ります。やってみましょう、という決断と言いましょうか信仰が、シモン・ペトロを神の前に立たせました。

## 新しい私

さて、主イエスのわざに驚いたペトロとその仲間であるゼベダイの子ヤコブとヨハネの兄弟は、その場で船も網も捨てて主イエスに従って行きました。教会に来てみて、あるいは聖書を読んでみて、決断を促されることがあります。洗礼を受けて信仰者としての歩みを始めなさい。主に従って行きなさい。そういう決断を迫られます。そしてそのときに、私たちは主の最初の弟子たちの決断を見て、むしろ恐れを抱きます。船も網も捨てた。ほかの福音書によれば、彼らには親も家族も捨てて主に従って行きます。もしも信仰の決断というものがこういうことであるべきならば、私たちにはまだまだ捨てられないものがたくさんあります。自分のあり方、家族、有形無形の財産……。救われるためにそれらを捨てなさいと要求されているならば、どうしようか。そういう不安を持ちます。ペトロたちが主に召されて、即座にすべてを捨てて従ったことを、私たちは恐れます。何でそんなことができたのでしょうか。私たちもできなければいけないのでしょうか。信仰の決断というのは、確かに私たちのすべてがひっくり返ってしまうような出来事です。確かに主イエスのためにすべてを捨てる決断です。しかし、それは私たちにとってできないことを要求されているのではないのです。

ここでペトロたちに起こったことは何であったのか。ペトロたちは主に伴われて神のみ前へと従って行きました。主と出会い、主に従っていったこの弟子たちの姿は、すべてを捨てて苦難へ向かって、不可能なことに向かって歩み出したということではないのです。まず主に従って神の前に出た。そして、それ以降、神のみ前での歩みを、主に伴われて始めた、ということです。

主は仰せになります。「恐れることはない。今から後、あなたは人間をとる漁師になる」。私も最初の頃は、この主の言葉が不可解でした。魚をとる漁師であることと人間をとる漁師であることとどっちがいいか。お前たちには魚をとる漁師であることよりももっと大きな実りを与える。そういう実りをもたらす仕事を与えると言われてついて行ったのだろうか。より大きな仕事を与えられて喜んでついて行ったのだろうか。人間をとる漁師であることと魚をとる漁師であることは、そういうふうにして、どちらが偉大な仕事かということで比べられるものなのだろうか。そういう気持ちが私の中に起こったことがあります。しかし、そのような比較は成り立たないと思います。魚をとる漁師と人間をとる漁師、どちらがいいかと比べることのできるものではないと思うのです。

そうではない。ここで神の前に出たペトロたちは、神の前でまったく違う自分に気づかされたということではないかと思うのです。自分はこのゲネサレト湖の漁師でした。お言葉ですが、私はここでずっと働いてきました。そういう漁師にほかならなかった彼らが、神のみ前に出たときにまったく違う姿を見せられた。神のみ前では人間をとる漁師だったのです。自分たちは魚をとる漁師だと思い込んでいた。けれども、神のみ前に出てみたら、人間をとる漁師に召されていた。「お言葉ですが」とそこに留まったのではなくて、「しかし、お言葉ですから」と神のみ前に出てみて、そこで人間をとる漁師としての自分が見えてきた。今までの自分は違っていた。本当は神の前では人間をとる漁師なのだ。そこへ召されている。選ばれていたのだ。だから本来のものでないところから、本来のものへと向かうのです。神の前では本来の生き方へと召されていくのですから、だから彼らはすぐに行動できたのです。

私たちは、人々の間で、そして自分自身の前で、これこそが私だという姿を持っています。しかし、その私たちに対して、主は違う私たちへの招きをお語りになります。神のみ前へ出てごらん。神のみ前であなたは何者であるのか。私は本当は違う私であるかもしれない。「しかし、お言葉ですから網を降ろしてみましょう」。そう言ってみ言葉に従ってみる。そうしたときに、私たちにどういう自分の姿が見えてくるのでしょうか。これが私だと思い込んでいたのとは違う、神のみ前での自分の姿が見えてくるのだと思います。主はそこへと私たちを招いておられます。主の招きに従って、神のみ前に出て行くことを求めておられるのです。

# 第3回　神のみ前に出るために

## 聖書にある十戒

この時間は、神のみ前に立って生きるということをご一緒に考えたくて、その神のみ前に立つ道を十戒を手がかりに探すことにしました。要するに十戒のお話をするという企画なのですが、もうすでに二回、神のみ前への招きのみ言葉をお伝えしてきました。ふと気がついてみたら、十戒そのものについて、十戒とは何であるのか、どういう言葉であるのか、まだ何も申し上げていませんでした。そこで、今日は十戒そのものの話をします。

十戒とはどのようなものでしょうか。教えられなくてもご存知の方は多いと思います。私たちの周りにも、それなら知っているという人がたくさんいらっしゃる。特に十戒のあとの方の戒めはご存知の方が多いのではないかと思います。「殺すな」「姦淫するな」「盗むな」「偽証するな」、そして「隣人の家をむさぼるな」といった戒めです。しかし、それらの戒めの前に、主なる神と私たちとの関係を定める戒めがあります。十戒は主御自らが語りかけてくださった言葉です。まず、こう言われています。

「わたしは主、あなたの神、あなたをエジプトの国、奴隷の家から導き出した神である。あなたには、わたしをおいてほかに神があってはならない。あなたはいかなる像も造ってはならない」。

十戒は、だいたいは「～をしてはならない」という禁止なのですけれども、真ん中に二つだけ「～をしなさい」という積極的な命令があります。

「安息日を心に留め、これを聖別せよ」。

そして、

「あなたの父母を敬え」。

主御自らが語り始められて、「ほかに神があってはならない」「いかなる像も造ってはならない」「主の名をみだりに唱えてはならない」とおっしゃった。それに続けて、「安息日を心に留め、これを聖別せよ」「あなたの父母を敬え」という積極的な命令があります。そして「殺すな」「姦淫するな」「盗むな」「偽証するな」、そして「隣人の家をむさぼるな」という戒めが続くわけです。

さて、これらの十戒は聖書のどこに書いてあるかというと、実は旧約聖書には二か所に記されています。覚えておいて、時折開いて読んでいただけたら嬉しいのですが、一つは出エジプト記二〇章二節から一七節までです。もう一つは申命記五章六節から二一節までです。聖書は創世記から始まって、初めにモーセ五書と呼ばれる五つの書物が並んでいます。その二番目にある出エジプト記の中――ここにはイスラエルがエジプトに奴隷としてつながれていて、そこから主の大いなるみわざによって救い出されたことが書かれています――に十戒が書かれています。エジプトから出た人たちは神の山シナイ山に辿り着いて、そこで主のみ前に立ちます。そのときに、主が御自らお語りになった言葉として出エジプト記二〇章二節から一七節までの十戒が伝えられています。

モーセ五書の五番目にあるのが申命記です。この申命記の中で、イスラエルの人たちが約束の地への旅をずっと続けて、最後、これからヨルダン川を渡って約束の地に入ろうとしているときに、モーセが人々にもう一度新しく、神さまとの契約を思い出しなさいと言って、シナイ山の話をする。そこに出てくるのが申命記五章六節から二一節までの十戒です。

実際に聖書の中にある十戒を読んでみますと、普通私たちが十の戒めと言って、教会で教えられる戒めよりも少し多くの言葉が書かれています。十戒の後ろの方の、「殺すな」「姦淫するな」「盗むな」「偽証するな」、そして「隣人の家をむさぼるな」という戒めはだいたいそのまま書かれていますが、その前の「父母を敬え」という命令までは、その戒めのもう少し詳しい内容やその戒めを守る理由が書かれているのです。

## 安息日の命令

たとえば、出エジプト記二〇章八節に安息日の命令があります。

「安息日を心に留め、これを聖別せよ」。

たいてい教会で覚えるのはこの戒めだけです。しかし、聖書ではそれに続いて、安息日とは何か、安息日に何をどうしたら良いのか、という安息日の定義が書いてあります。出エジプト記二〇章九節、一〇節です。

「六日の間働いて、何であれあなたの仕事をし、七日目は、あなたの神、主の安息日であるから、いかなる仕事もしてはならない。あなたも、息子も、娘も、男女の奴隷も、家畜も、あなたの町の門の中に寄留する人々も同様である」。

さらに一一節には安息日を守る理由を明らかにしています。

「六日の間に主は天と地と海とそこにあるすべてのものを造り、七日目に休まれたから、主は安息日を祝福して聖別されたのである」。

「安息日を心に留め、これを聖別せよ」という戒めは、それだけ聞いてもどうしたらいいのか分かりません。実は、現代の私たちが分からないだけではなくて、最初に聞いたイスラエルの人たちにとってもそうでした。だから内容を説明しているわけです。あなたたちは六日間働きなさい。七日目は安息日、しかも主の安息日と言われている。この日は主のものだ。だから仕事をしてはいけない。そういう戒めです。

そして、なぜその日が主の日になったのかという理由として天地創造の話が出てきます。六日間で主は天地をお造りになって、七日目に休まれ、その日を祝福し聖別された。だからあなたも安息日には休みなさい、そしてそれを聖別しなさい、というのです。「聖別する」というのは、ほかの日と区別するということです。ですから、私たちはそういう安息日の定義や安息日を守る意味、理由はもう一応は分かったものとして、「安息日を心に留め、これを聖別せよ」という戒めだけを覚えることが多いと思います。

それで今度は、出エジプト記二〇章の十戒と申命記五章の十戒を比べてみます。そうすると、同じ十戒なのですけれども、二つのテキストが少し違うことに気づきます。先ほど出エジプト記二〇章の安息日の戒めを読みましたから、今度は申命記五章一二節から一六節を丁寧に読んでみますと、まず命令の言葉遣いが一つだけ違います。出エジプト記では「安息日を心に留めよ」と命じていますが、申命記では「安息日を守れ」とあります。さらに安息日を守る理由が二つのテキストの間で違います。出エジプト記では、主が六日の間に天地を造り、七日目に休まれ、その日を祝福し聖別されたから、私たちも七日目に休んでその日を聖別する。ところが申命記五章では、その理由は出エジプトという救いの記念日だと言うのです。一五節でこう言っています。

「あなたはかつてエジプトの国で奴隷であったが、あなたの神、主が力ある御手と御腕を伸ばしてあなたを導き出されたことを思い起こさねばならない。そのために、あなたの神、主は安息日を守るよう命じられたのである」。

## 教会の十戒

安息日の意味が出エジプト記と申命記の間で違います。これが一番大きな違いなのですが、もう一つ、戒めそのもので違うのが「むさぼるな」という戒めです。出エジプト記では「隣人の家をむさぼるな」と言います。この家の中に隣人の妻も並んでいます。ところが申命記では、まず「隣人の妻を欲しがってはならない」と言い、それから「家をむさぼってはならない」と付け加えるのです。どちらが本当の十戒なのでしょうか。それに、教会に行ってみますと、私たちが教会で教えられる十戒は、もちろん聖書に出ている十戒には違いないけれども、少し言葉が違います。教会によ

って も違う。カトリック教会、ルター派の教会、それから改革派に属するいろいろな教会、それぞれで十戒の言葉が少しずつ違ったりします。

改革派教会で重んじられているハイデルベルク信仰問答は、十戒を教えるときに出エジプト記のテキストをそのまま引用します。そこでは戒めの定義とか、守る理由とか、そういうことも全部引用します。でも、同じ宗教改革の教会でも、マルティン・ルターの大教理問答では、戒めの定義やそれを守る理由は省略して、戒めの言葉だけを覚えるようにしています。戒めの言葉だけを覚えるという点ではカトリック教会の公教要理も同じです。もちろん聖書に書いてある定義や理由づけも教理問答の説明の中で引用して、その戒めの説明としてはいます。けれども、覚える言葉としては戒めだけなのです。

そもそも聖書の中に同じ十戒でも少し言葉が違う二つのものがある。教会ではそのどちらかを選ぶか、あるいはどちらとも違う、戒めの言葉だけの十戒を覚えたりしています。どう考えたらいいのでしょうか。十戒によって神のみ心を知ると言いますけれども、神のみ心は聖書に書いてある通りの言葉でお受けするものではないでしょうか。私たちは勝手に十戒を作り出してしまったのでしょうか。

そうではありません。教会は教会によってそれぞれ一つの十戒を持っています。この教会に属して、この教会の仲間として一緒に礼拝を守る私たちは、みんなで十戒を覚え、十戒を暗唱します。聖書の中に二つの言葉で十戒が伝えられていますが、教会で集まって礼拝するときには、教会の仲間が一致した言葉で暗唱しなければなりません。ですから、聖書の中の二つの言葉のどちらを覚えるかを選ばなければなりません。礼拝ではあまり説明は必要ありませんから、戒めだけを覚えるということもありうるでしょう。こういう言葉でみんなで覚えましょう、ということになるわけです。信仰の仲間と一致した言葉で唱えることが大切なのです。主の祈りも同じですね。マタイによる福音書とルカによる福音書が主の祈りを伝えていますけれども、言葉がちょっと違います。そして、教会はそれを礼拝の祈りとしてふさわしい形で伝えてきているわけです。大事なことは十戒は礼拝の言葉だということなのです。

そもそも、聖書の中に十戒が二つあるのはどうしてなのでしょうか。これも礼拝の言葉だということから分かるように思います。昔のユダヤ教の学者が言っていることで、なるほどなと思った考え方があります。それは、シナイ山で神は初めて「主」というお名前でイスラエルに語りかけなさいました。「主」というお名前をイスラエルに表されたのはそのときが初めてです。「主」というお名前で語りかけてくださる神さまのみ前にイスラエルは出ました。そして、十戒を主が直接イスラエルにお話しになりました。主のお声は恐ろしいお声であって、多くの人には雷鳴のようにしか聞こえませんでした。人々は恐れて、もうこれでいい、あとはモーセが代表として聞いてくれと言った。そういうお声でした。ですから人間の言葉で一度に全部を表されるはずがありません。だから十戒も二つの言葉になったというのです。出エジプト記と申命記の十戒、その両方を神さまは神さまのお声でお話しになったというのです。

私たちは今、そういう恐ろしい神のみ声を聞くことはできないけれども、でも、聖書の中にそのみ言葉を読むことができる。そして、主の前に立つ者として、私たちは十戒の言葉を礼拝の仲間と一緒に唱えることができる。私たちが唱える十戒の言葉も実は礼拝の言葉として整えられている言葉なのです。

十戒を行うことによって主のみ前に出る。けれども私たちはそもそも十戒というものを覚えて暗唱しているときに、それは主のみ前で礼拝をしているのです。そういうことを知らされたのです。どうか、まずは十戒を唱えてみて、主のみ前に出てみる。いや、主の前でそのみ声を聞いたイスラエルの体験を私たちも感じてみるということをしてみましょう。

# 第4回　神のみ前で、私は何者でしょう

## 十戒に示されたみ心

十戒の大部分は「～をしてはならない」という禁止です。二つだけ「～をしなさい」という積極的な命令があります。「これをしてはならない」「あれをしてはならない」と言われると、私たちは何かがんじがらめに縛られている気になります。どうでしょう。主イエスは私たちを、そのような束縛から解き放ってくださった方であるはずではなかったか。それなのに、十戒を読んで、それを一所懸命に行おうとするのは、主イエスの福音と違うのではないか。そう思えてきます。

もっとも十戒をさっと読んでみますと、「殺すな」「姦淫するな」「盗むな」「偽証するな」「隣人の家をむさぼるな」となります。文字通りにとっていくと、それほど特別なことを言われているわけではないように思います。ただ私たちはそれを自分で厳しい戒めにして、それを自分に課していることもあるかもしれません。まず私たちは自分で決めてしまわないで、これは、「ああしてはならない」「こうしてはならない」と言って私たちをがんじがらめにする戒めだと思ってしまわないで、まず主なる神の本当のお心はどこにあって、この戒めを私たちにく

だったのか、主イエスはどういうふうに思っていらっしゃるのか、そういうことを尋ね求めたいと思っているのです。

ところが、です。十戒の言葉を、そこで禁じられていることを行うかどうかだけではなくて、私たちの心の中の問題としてもっと厳しいものにしたのは、ほかならぬ主イエスでした。

マタイによる福音書五章から主イエスの山上の説教が始まります。そして主イエスがお出でになったのは、律法や預言者を廃止するためだと思うな、とおっしゃいます。「廃止するためではなく、完成するためである。はっきり言っておく。すべてのことが実現し、天地が消えうせるまで、律法の文字から一点一画も消え去ることはない」。律法を守るのであったら百点満点でなければだめだとおっしゃるのです。それはどういうことでしょう。

それに続いて主イエスは十戒の言葉をおっしゃいます。「あなたがたも聞いているとおり、昔の人は『殺すな。人を殺した者は裁きを受ける』と命じられている。しかし、わたしは言っておく。兄弟に腹を立てる者はだれでも裁きを受ける。兄弟に『ばか』と言う者は、最高法院に引き渡され、『愚か者』と言う者は、火の地獄に投げ込まれる」。これは大変だと思いますね。ここで言っている「兄弟」というのは、もちろん教会の仲間たちでありましょうけれども、自分の肉親もその中に入れられているに違いありません。肉親の兄弟に「ばか」と言い、「愚か者」と言う。こんなことは始終起こっています。ここで主イエスがおっしゃったことは、兄弟に「ばか」と言い、「愚か者」と言うというのは、相手をこの兄弟の交わりから締め出してしまうことになるということです。

特に、先ほど私は「兄弟というのは教会の仲間だ」と申しましたけれども、教会というのは主イエスがこの地上に置いてくださったもので、主はその教会には陰府の力も勝つことができないとおっしゃいました。主イエスの復活の命を教会は分かち合っているのです。その教会から兄弟を締め出してしまうのは人殺しと一緒だとおっしゃった。でも、どうでしょうか。教会の中でその仲間と本当に相手を締め出さずに一緒にいられるのか。しかし、もしも仲間を教会から締め出してしまうということが起こったら、それは人殺しと一緒だと主は仰せになるのです。

十戒の厳しいところを、私たちはごまかしてはいけないと思います。十戒によって私たちは神のみ前に出るのだということを、ここで一緒に考えています。確かに「殺す」「姦淫する」「盗む」ということは、私たちの普段の生活の中ではしないことかもしれません。けれどもどうでしょうか。神さまのみ前に出るときに、私たちはそういうことをしない人間として出ることができるのでしょうか。

## 主に赦された者として

私たちは本当は、神さまの前に出たときに、「私は律法を守ったからここに来ることができました」と言える人間ではないはずです。ここには本当は来られなかったけれども、それにもかかわらず恐れながら来くるのです。主イエスによって赦していただくほかない自分としてみ前に出るのです。そういうものだろうと思います。ですから主は、私たちが「殺すな」「姦淫するな」「盗むな」

ということと無縁な存在だと思い込まないように、あるいはこの戒めを自分たちは守ることができて、神さまのみ前に来るのだと思わないように、とても厳しく、私たちの心の奥底、主御自らしか知らない心の奥底までをも明らかにしようとなさるのだと思います。私たちは、主に赦していただくほかない自分になるために、神のみ前に出ることが求められているのではないでしょうか。

さて、十戒はそのようにして私たちを裁くものでもありますが、それならば主に赦していただいて、そして神のみ前に恐れながら出て、その上でさらにやはり主のみ前に出たら、「主よ、どうしたらいいのですか」と聞かずにはいられないのだと思うのです。十戒は私たちを裁いて主イエスによって赦していただくほかない自分であることを知らせるものでありますけれども、それだけでなく、そこで赦していただいた私たちに、もう一度主のみ心を教えてくれるものでもあります。私は何者であるのか。私はどうしたらいいのか。そのことも自分で決めてしまわずに十戒を通して主にうかがってみる。そういうことではないでしょうか。

ヨハネによる福音書を見ますと、主イエスのみ前に三十八年間病気で横たわっていた人が登場します。池に天使が降りてきて、池の水が動いたときに、最初にその池に入る者はどんな病気でも癒されると言われていた。しかしこの病人は言うのです。そういうことが起こっても自分は動けない。池に入ることができない。主イエスは「そうか、それは大変だったね」とはおっしゃいませんでした。そこで主がおっしゃった言葉は、私たちにはむしろとても厳しい言葉に聞こえます。「治りたいのか」。そうおっしゃいました。「治りたい」。「それならば床を上げて立って歩け」。そうおっしゃいました。私たちは一度は十戒の律法の言葉によって、神さまのみ前にふさわしくない者、恐れるしかない者として自分の姿を明らかにされてしまいます。いや、そうやって赦していただくしかない者、主イエスに優しく覆っていただくしかない者、そういう者として神のみ前に出ます。そういう存在なのです。けれども、そういうふうにして、ただ覆っていただいて、憐れんでいただくところに留まってしまうことを、主はお喜びになりません。「治りたいのか」。そうおっしゃいます。私たちはそこで、もう一度立って歩き出す自分を発見します。

以前に、主イエスに召されたペトロの話をしました。ペトロは漁師でした。その彼が主イエスと出会って、主イエスが神にいますことに気づいて恐れてひれ伏す。しかしそのあとで、彼は主に従って神のみ前に立つわけです。そこで新しい自分が見えてくる。自分はこの湖の漁師だ。それが私だと思っていた。けれども神のみ前に立ってみたら、主は何とおっしゃったか。「恐れることはない。今から後、あなたは人間をとる漁師になる」。魚をとる漁師が人間をとる漁師になる。自分では考えたこともなかったことでしょう。しかし、主のみ前でこそ明らかになる自分の姿を示されて、そういう者にされていく。私たちは神のみ前に立つときに赦されました。そうしたら、今度はどうしたらいいのでしょうか。そこでもう一度、自分が考える自分の姿に帰ってしまうのではなくて、主は私を何者だとおっしゃっているのか、そういうところに進み出て行くことが必要なのではないでしょうか。

## 禁止と命令の意味

十戒はその大部分が「〜をしてはならない」という禁止です。そこには新しいものは何もないかのように見えます。でも、その禁止をお語りになった神御自らの前に立つときに、私は何者なのか、どういうところに立つ者なのかが分かるように思います。なぜ「〜をしてはいけない」という禁止なのか。

ある旧約学者はこう考えました。これは最低限ここを踏み越えたらいけないよ、という境界線を示す話なのだ。ここを踏み越えたらあなたは神さまの民ではなくなりますよ、という線だ。それも、境界線をぎっちり引いて、「これもしてはいけない」「あれもしてはいけない」というのではありません。ここから外へ出たらいけないという線に「殺してはならない」「姦淫してはならない」というように立札を立てて、ここさえ踏み越えなければあとは自由です、と言っておられるというのです。

私たちはキリスト者とはどういう存在なのだろうかと考えますが、キリスト者というのは神のみ前に歩む者だと言えると思います。神のみ前に歩むとはどういうことか。それは、この線を踏み越えないということです。そういうふうに答えることができます。

もう一つ、では今度は積極的な命令はどうでしょう。これもある旧約学者がこんなふうに説明しました。これは、神の民として実際にこういうふうにやってごらんというモデルを示すもの、あるいは生活の拠点を据えるものだ。要するに、「キリスト者とはどういう存在ですか」と問われたら、

「安息日に休む人ですよ」と答える。「キリスト者とはどういう存在ですか」と問われたら、「父母を重んじる人ですよ」と答える。もっとも、この最後の部分、父母を重んじるのがキリスト者だなどと言われると、「それは大変だ。自分は父母を憎んでいた」というように、裁かれた気持ちになる人があるかもしれません。父母を重んじるというのはどういう意味か。それは「父母を敬え」という戒めについてお話するときにご一緒に学びましょう。しかし、キリスト者とはどんな人か。安息日を重んじる人、父母を重んじる人。そういう私たちのあり方の根本を示す言葉を、十戒は与えているのだと思います。

# 第5回　私は主　その1
## ――主の名



### 十戒の序

十戒の初めには何が語られているでしょうか。ご自分でお使いの聖書がありましたら、出エジプト記二〇章二節をご覧いただくとよいと思います。今日は、ヘブライ語の言葉の順番に従って、私が自分で日本語を当てはめていった文を読んでみたいと思います。こういうふうに書いてあります。

「私は主、あなたの神。すなわちあなたを導き出した、エジプトの地から、奴隷の家から」。

（私訳）

「私は主」と言われていますけれども、ここには「私、主」としか書かれていません。「私は主、あなたの神。すなわちあなたを導き出した、エジプトの家から、奴隷の家から」。これは「私、主はあなたの神」というふうにも読めなくはないのですけれども、聖書を読むのにも伝統がありまして、主がお名前を名乗られるときは、それだけで一つの文として読みます。ですから、「私は主、あなたの神。すなわちあなたを導き出した、エジプトの地から、奴隷の家から」となります。

いかがでしょうか。私たちが一般に「戒め」と言われて思いつくような戒めの文ではありません。十戒というのはもともと聖書では「十の言葉」と呼ばれています。英語で「ザ・テン・コマンドメンツ（The Ten Commandments）」、ドイツ語で「ディ・ツェーン・ゲボーテ（Die Zehn Gebote）」とも呼びますけれども、そのほかに「デカログ（Decalogue/Dekalog）」、つまり「十の言葉」という呼び方もあるのです。十の言葉であって、戒めではないのだから、これは私たちが行わなければいけない戒めとして読むべきではないのではないかという意見もあります。十戒といういかめしい感じをどこかで取り払ってしまいたいのでしょうね。ただ、「言葉」といっても中身は「戒め」なのです。

もちろん、十戒の中には戒めだけではなくて、歴史の解き明かしや戒めによって作り出される救いの世界の約束が含まれています。この十戒の最初の文はどうでしょうか。実はこの文も戒めに含まれると考える人がたくさんいます。「私は主、あなたの神」というこの文は私たちと神さまの関係を定める法なのではないか。神さまとはどういうお方で、そして私たちとは何者であるのかを定めているのではないだろうか。

あるいは次の文とひとまとまりで第一の戒めと数える人たちもたくさんいます。「私は主、あなたの神。すなわちあなたを導き出した、エジプトの地から、奴隷の家から。その私を差し置いて、お前にほかに神があってはならない」。そのような読み方ももちろんできるわけです。
それから、十戒というと本当に戒めとして読める文だけを覚えて、今私たちが読んでおります最初の文は「序文」だと考える人ももちろんたくさんいます。もっとも、戒めを戒めとして覚えるとしても、この序文が序文に過ぎないのだから知らなくてもよいと考えられているわけではありません。そうではなくて、これは十の戒めの欠くことのできない前提、この文があってこそ十戒は十戒なのだと理解されます。

## 主とイスラエルの関係

この最初の文は、主なる神はどのような神であられるのか、また十戒を行うこのイスラエルは何者であるのかを語ります。主とイスラエルはどういう関係だからこの十戒があるのか。イスラエルは何者であるからこれを守ろうとするのか。その基本を最初に述べるのです。それでもう一度聞いてみましょう。

「私は主、あなたの神。すなわちあなたを導き出した、エジプトの地から、奴隷の家から」。

「私は主」とお名前を名乗られて、そのあとに主のご性質と申しましょうか、主とは何者でいらっしゃるのかが加えて語られています。あなたの神であるということ、すなわちあなたをエジプトの地、奴隷の家から導き出したお方だということです。

さて、十戒では初めに神が御自らお名前を名乗られるわけです。「主」というのがお名前です。このお名前にはちょっと説明を必要とします。ヘブライ語の聖書にはお名前が書いてあります。ヘブライ語のアルファベートで四文字のお名前です。聖四文字と呼ばれています。聖なる四つの文字です。しかし、このお名前は人間の声で発音してはならないのです。聖書にはお名前の文字が書かれています。しかし、聖書は朗読するものなのですけれども、聖書を朗読してこのお名前の四文字が出てきたら、人間の声で発音することができませんから、この文字は読みません。お名前はそこにあります。でも読みません。読まない代わりに「主」、ヘブライ語で「アドナイ」と呼びます。少しきちんと訳すと「わが主」。そう申し上げるのです。神さまのお名前が出てきて、そこで「わが主」あるいは「主」と申し上げるときに、実は私たちはほかならぬその神の名前をお呼びしているのです。

後の時代に、ユダヤの人たちは聖書をギリシア語に翻訳しました。そのときもこのお名前の発音をギリシア語の文字でそのまま表すことはしませんでした。どうしたかというと、ギリシア語で「主」、「キュリオス」という語をそこに置きました。ですから歴史の中でお名前は確かに聖書の中に書いてあるけれども、そのお名前を発音はしないで、「主」とお呼びする。それはギリシア語になっても、そのあとにいろいろな国の言葉に訳されても同じでした。

聖書の中に「主の名を呼ぶ者は救われる」という預言があります。発音できないのに主の名を呼ぶとはどういうことだろうかと思われるかもしれませんが、私たちが「主よ」「私の主よ」とお呼びするときに、それは実は神さまのお名前を呼んでいるのです。私たちの口から出る言葉は「主」であっても、それはお名前を呼んでいることになるのです。

このことは、神さまのみ言葉の啓示にとってとても大事なことです。どういうことかと言うと、新約聖書では主と崇められるのはイエスさまです。私たちの神さまはイエスさまのお名前を「主」と啓示なさいました。ですからローマの信徒への手紙一〇章で「主の名を呼び求める者は救われる」と約束しますけれども、その「主の名を呼び求める」というのは、イエスの名を呼び求めるということです。そのことによって、私たちは神さまの前に立ち、神さまのお名前を呼ぶことができるようになりました。

## 名をもって呼び合う神と民

ところで、ちょっと話を戻しまして、主が十戒の最初にお名前を名乗られるわけですが、そもそも神がお名前をお持ちであるとはどういうことでしょうか。神は唯一です。人間はたくさんいるわけですから、一人ひとりに名前がなければその人がだれであるか区別できなくなります。でも、神さまは唯一です。ご自分をお現しになるときに、「私は神」とおっしゃったのではいけないのでしょうか。「私こそが神だ」とおっしゃってはいけなかったのでしょうか。もちろん今の日本もそうですけれども、聖書が伝えられている世界では、町々村々にそれぞれの神が祀ってありました。そういう神々の世界で、唯一の神がここにこそいらっしゃると主張したわけですから、ほかに世の中で信じられている神々と区別するためにお名前をお持ちだと言えるのかもしれません。でも、それなら「全能の神」などの呼び方でお呼びしても良かったのではないでしょうか。

創世記一五章七節に、その頃はまだ「主」というお名前を表しておられなかったはずの神が、アブラムに対してこうおっしゃいます。

「わたしはあなたをカルデアのウルから導き出した主である。……」。

実はこの言い方は、出エジプト記の十戒の最初の言葉と同じ言い方で、「エジプトから」ではなく、「カルデヤのウルから」とおっしゃいました。でも同時に、今度は一七章を見ますと、そこではあとでシナイ山で初めて主の名をお表しになる神さまは、「私は全能の神である」とおっしゃいます。「私は主」という同じ言い方で、「私は全能の神」とおっしゃいました。それでも良かったのかもしれないのです。でも、主がお名前をお持ちであるということには、もっと積極的な意味があると思います。唯一の神がほかの神々と区別されるためにお名前をお持ちになるという以上の積極的な意味がある。それは住んでいる場所や役割や地位で呼ぶのと、名前で呼ぶのとでは意味が違うということです。

夫婦のことを考えてみましょう。夫婦の間でたとえば子どもがいるときに、夫婦なのにお互いに

「お父さん」「お母さん」と呼び合うのには大切な意味があります。役割で呼び合っているのです。でも、その同じ夫婦が、お互いを名前で呼び合うのとは、関係がまったく違います。それもとても大事なことです。それは、お互いが「お父さん」「お母さん」という役割を失ったとしても、一人の人間と一人の人間の関係を持っているからです。役割によって向き合うのではなくて、人間と人間が向き合う。それが名前で呼び合うことの意味だと思います。役割を全部置いておいても、あるいはそれが果たせなくても、この人は私の唯一の人だ。そういう向き合い方をするときに、名前で呼び合うのだと思います。そう考えると、先ほど、唯一の神なのにどうしてお名前をお持ちなのかと問いましたけれども、唯一の神だからこそお名前で呼ぶ関係があるのではないでしょうか。神のみ前に出るときに、私たちにほかのものは見えません。ほかのものは見えないところで、一対一で向き合うときにこそ、名前で呼び合うのではないでしょうか。

主は私たち一人ひとりを名前で呼んでくださいます。そして、当然ご自分も名前を告げてくださいます。友達だって名前で呼び合うようになったときに親しくなりますが、そのときには相手の名前を聞く前に自分の名前を名乗ります。私たちは主から名前で呼ばれ、主を「わが主よ」と名前でお呼びする関係に招かれているのではないでしょうか。

# 第6回　私は主　その2

## ——主が名乗られるとき、そこに主御自らがいます

### 主の名と主の現臨

十戒の初めに、主はお名前を名乗られました。主は私たちと名前で呼び合う関係を求めておられます。相手の地位や役割で呼ぶのではなく、そうした役割や地位がなくなっても、お互いが相手を自分にとって唯一の人として名前で呼ぶ、そういう人格的な関係を主はお喜びになります。主は私を他と比べることのできない唯一の存在として名前で呼んでくださった。私も主を、私にとって唯一の神として、名前で呼ぶことが許されている。そのために主はお名前をお持ちになり、お名前を私たちにお教えくださいました。

さて、主が御自らのお名前を名乗られるときに、それは今申しましたように、私たちと呼び合うためにお名前を知らせてくださるわけですけれども、それだけではなくて、実は主が名乗られるというそのことが、実は特別な出来事なのです。どういうことか。

十戒に続いて、出エジプト記二〇章の終わりから、モーセを通して告げられた法が記されていま

す。その法の初めに主の祭壇についての規定があります。主を拝むのにふさわしい祭壇というものがあって、主がイスラエルに御自らを現してくださるのは、その祭壇がある場所においてでした。しかし、主の祭壇が据えられていればいつもそこに主がおられるのかというと、そうではありません。どのようにして祭壇のところに主が臨んでくださるのか。出エジプト記二〇章二四節にこう書かれています。

土の祭壇をお前は造らねばならない、私のために。そして、お前は屠らなければならない、その上でお前の焼き尽くす献げ物を、またお前の結びの献げ物を、お前の小家畜、またお前の牛を。私が私の名を覚えさせる場所のすべてにおいて、私はお前のところに来て、そして、お前を祝福する。（私訳）

ここに言われている「献げ物」は、主とイスラエルの契約のために献げられるものです。祭壇があり、そこに献げ物を献げる。これは礼拝の場面です。しかし、こういう祭壇を整え、これこれの献げ物を供えれば主が来てくださる、ということではありません。主の名が口に唱えられて、主の名がそこにある。それが主の臨在してくださるということなのです。主は「私の名を覚えさせる場所」と仰せになります。これはきちんと訳せば、「私の名が唱えられる場所」という意味です。主のお名前を口にするのは礼拝する人々の方です。でも、そのように主の名が礼拝で唱えられるときに主御自らがそこにいてくださる。そういう約束がここに語られています。主のお名前とは、主御自らがそこに現れていらっしゃるものです。主のお名前は主御自らだ、そう断言して良いのです。ですから、主のお名前が口で唱えられるならば、そこに主御自らがいらっしゃる。

主の祭壇の規定をイスラエルの人々に告げ知らせているモーセが、イスラエルをエジプトから導き出し、主のみ前に連れてくることができたのも、主がモーセに御自らのお名前を示して、彼と共にいることを保証してくださったからでした。出エジプトのためにモーセをお召しになるとき、主はモーセに御自らのお名前を明らかになさいました。さらにそのお名前の由来を仰せになります。モーセを出エジプトのわざのためにお召しになる主とモーセの出会いの場面は出エジプト記三章に記されています。その一一節以下に、主のお召しがあまりに重荷であったので、モーセが主に問い返す場面が出てまいります。モーセは、私がそれをするのですか、と問い返します。すると一二節で主は、「わたしは必ずあなたと共にいる」と約束をお与えになります。

ところが、モーセはそれで満足しません。確かに主が共にいて、この出エジプトの救いを御自ら行ってくださる。それは分かった。しかし、そうだということをイスラエルの人々にどう説明したらよいのか。そういうふうにモーセは尋ねるのです。続く一三節を読みましょう。そこでモーセは神に言います。

「私はイスラエルの人々のところに行き、彼らに言わねばなりません。『お前たちの父たちの神が、私をお前たちにお遣わしになった』。すると彼らは私に言います。『彼の名前は何か』。何と私は彼らに言いましょう」。（私訳）

## 「私だ。そうだ、私だ」

モーセは、エジプトに行って、イスラエルの人々に言わなければならない。お前たちの父たちの神がお前たちを救い出してくださる。けれども、そう伝えても、イスラエルの人たちはもうずいぶん長いこと先祖の神から離れてしまっている。自分たちを助けてくださる神は、今自分たちと共にいてくださるのだろうか。いや、いてくださらないのではないか。自分たちが奴隷にされて、その苦悩の中から叫んでも、神は遠くにいて、聞いてくださらなかったのではないか。そういう問いです。

モーセは初めに、お前たちの先祖の神、父たちの神が、お前たちを救い出してくださるのだ、と自分が遣わされてきたその内容を伝えるわけです。自分を遣わしたのは私たちの先祖の神だ。それに対してイスラエルの人たちが、そのお前を遣わしたという神の名は何かと聞くのは、その神の名を尋ねて、神について身許を調べようというのではありません。本当に私たちの先祖の神なのかと尋ねているのではないのです。神の名を聞くというのは、本当にその先祖の神が、今、私たちのところに来てくださったのか、その臨在の保証を求めているのです。ですからそれに答えて、主なる神は一四節でこのように仰せになります。

するとは神はモーセに仰せになった。「私だ。そうだ、私だ」。さらに仰せになった。「このようにお前はイスラエルの人々に言わねばならない。私だという方が私をお前たちにお遣わしになった」。そして、続けて神はモーセに仰せになった。「このようにお前はイスラエルの人々に言わねばならない。主、お前たちの父たちの神、アブラハムの神、イサクの神、ヤコブの神が、私をお前たちにお遣わしになった。これこそわが名、永遠に。またこれこそわが覚え、世から世へ」。（私訳）

ここにヘブライ語のアルファベートの四文字で書き記される主のお名前が表されています。今は本当は分からなくなっているそのお名前の発音を、たぶんそういう発音だったろうという発音でいたしますと、恐れ多いですけれども、おそらく「ヤハウェ」と呼ばれた。この名前が永遠に主の覚えだ、と主はおっしゃるのです。「覚え」というのは、普通「記念」と訳されますけれども、ただ記憶するための名前ではありません。先ほど申しました祭壇の規則の中で、「私が私の名を覚えさせる場所」という言葉で、主の名が唱えられるところに主御自らがお出でになるとおっしゃったことを思い出してみましょう。主の名、この名前が主の覚えだということは、その名前が唱えられるところで主が臨在なさる。その名前が唱えられるならば、そこに主御自らがいらっしゃる、ということです。「これこそわが名、永遠に。またこれこそわが覚え」。永遠にこの名が唱えられるところに主御自らがおられるという宣言をなさったのです。

そして、このヤハウェというお名前の由来は、「私だ。そうだ、私だ（エフエー・アシェル・エフエー）」という呼びかけの言葉なのです。その呼びかけの言葉がそのままヤハウェというお名前になったというのです。今私は「エフエー・アシェル・エフエー」を「私だ。そうだ、私だ」というふうに訳しましたけれども、この言葉にも深い意味があって、訳し方も難しいのです。古来いろいろな翻訳があります。けれどもどのような深い意味を含んでいるとしても、確実に私たちに示していることは、主御自らが、「私だ、私がここにいるぞ」と私たちを呼んでいてくださるということです。

## 呼びかけられる者の安心

孤独で不安な人に、「安心しなさい。私がここにいるよ」と呼びかけることがあります。だいたい不安でいる人は、そばに何者かがいるということもとても恐ろしく感じます。そのときに、「大丈夫だ。安心しなさい」と呼びかける。自分の名前をわざわざ名乗るよりも、「私だよ、お前が知っている私だ」、そう呼びかけるでしょう。これは人間の日常生活でも、たとえばよく知っている人に名乗るときには、わざわざ自分の名前を言いません。「私だ」と言いますよね。主なる神は、イスラエルにとって本当は近しい関係、よく知っているはずの神でいらっしゃいます。その神がそば近くに来てくださって、「私は主である」というふうに名前を名乗るよりは、私たちがふだん家族に「私だ」と言うように、神はイスラエルに対して、「私だ」と呼びかけなさいます。「私だ。恐れるな」。主はそういうふうにイスラエルに呼びかけ給うのです。

そして、その呼びかけがそのまま神のお名前だと言うのです。主がこうしてお名前を表されたとき、お名前を表してくださったそのことが、私たちを救います。私たちを助けてくれるはずの神さまはどこにおられるのか。私たちには助けはないのか。そう思っている人たちにとっての助けは、それこそ主がそば近くにいてくださるということであったはずです。イスラエルはモーセによってエジプトから救い出された。モーセはそのときに、自分を遣わしてくださった主のお名前を告げ知らせて、主があなたたちを救うためにここにいてくださるということを告げました。それが救いでした。

そうやって救われたのですけれども、その後、イスラエルは繰り返し自分たちの罪のゆえに苦しみに遭います。そして最後は国土を滅ぼされて、バビロンに主だった人たちが連れ去られてしまいます。そのときに、主は預言者を通してこのようなことを仰せになりました。イザヤ書五二章に伝えられている言葉です。イスラエルは罪のゆえにバビロンに連れ去られた。昔、エジプトに行ったり、アッシリアに苦しめられたのと同じように、今、イスラエルは滅ぼされて、主だった人がバビロンに連れ去られた。主の民がバビロンによって滅ぼされ、バビロンに連れ去られたのですから、主のお名前はバビロンで汚されています。その民を守ることができなかった神と言われてしまう。しかし、主はその民と共にバビロンにおられました。主の名は民と共にバビロンに行ったからです。

そこで主はこのように仰せになります。これはイザヤ書五二章六節の言葉です。

それで一日中、たえまなくわが名は汚されている。それゆえわが民は知る。わが名を。それゆえ、その日に。まことに私こそそれだ。私はここだと語る者。（私訳）

イスラエルはその罪のゆえにバビロンに連れ去られたけれども、主の名をもって呼ばれる民であることに変わりはありません。主はイスラエルと共に御自らのお名前がバビロンで汚されることを忍んでおられます。主の名を負う民がバビロンに連れ去られた。そのことを主は忍び給う。しかし、主の名が、今やもう一度呼び求められる時が来ています。主の名が呼び求められ、主の名が表されるとき、イスラエルの救いが起こります。今が救いの時。主はそのお名前をもってイスラエルと共にいます。絶望の底にあるイスラエルに主はお名前を表し、「私はここだ、お前と共にいる」と仰せになります。まさに主の名がイスラエルによってバビロンで汚されているがゆえに、そこに行ったイスラエルの民は主の名を知るのです。イスラエルが主の名を知ったときに、イスラエルは主がそこにおられることを。そして、イスラエルを救うことを知ります。「わが民は知る。わが名を。それゆえ、その日に。まことに私こそそれだ。私はここだと語る者」。

私たちが十戒のみ言葉を知るときに、その十戒の初めに、この私たちにも主が、「私はここだ」とおっしゃって呼びかけておられることを知るのです。

# 第7回　「お前の神」になってくださった主

## 十戒の前提——神との関係

十戒はその初めに、十戒を私たちに語りかけてくださるお方が、御自らお名前を名乗られます。「私は主、あなたの神。すなわちあなたを導き出した、エジプトの地から、奴隷の家から」。そのお名前は「主」。それはヘブライ語の文字では四文字で表されるお名前なのですが、人間の声で発音するときは文字を読まないで、「主」あるいは「わが主」とお呼びします。神が主というお名前を名乗られるとき、「私は主」「私は主である」とだけ仰せになることがありますし、そのお名前さえおっしゃらずに、「私だ、私だ」とおっしゃることがあります。主がお名前を名乗られるときに、主御自らそこにいらっしゃるので、信じる者も信じていない者も主のみ前に立っている。主の大いなるみわざに出会わされることもあります。

「私は主である」と名乗られるそのみ言葉を聞いたときに、信じる者たちは、自分が主のみ前にいるのだと信じます。信じていなかった人も、「主よ」とお答えする信仰を与えられるという奇跡が起こることもあります。お答えするのには少し時間がかかるのかもしれないのですけれども、聖書の中で、「私は主である」と名乗ってくださるそのみ言葉を読むうちに、「主よ、あなたはだれですか」とお答えせざるを得ないところに自分は立たされているのだということがだんだん分かってくるのです。聖書を読んでいるとしばしば出会うのですが、神がみ心を現し、教えてくださって、御自らの前に私たちを立たせてくださるのです。

十戒も、神がみ心を現して、私たちをみ前に立たせてくださる、そういう場面です。また、「私は主である」というお名前に加えて、「あなたの神」あるいは「あなたたちの神」とおっしゃる。そのようにして私たちとの関係を明らかにしてくださることもしばしばあります。十戒もそうです。主がイスラエルに対して「あなたの神」と語りかけてくださるのは、主とイスラエルが契約関係にあるということです。今日、私たちは血肉のつながりでイスラエルであるわけではありませんけれども、イエス・キリストによって信仰におけるアブラハムの子孫と呼ばれます。イエス・キリストに連なる者は、イエス・キリストを通してイスラエルと連なることができる。そういう関係なのです。ですから、主がここで、「あなたの神」と呼んでくださる、その「あなた」は私たちでもあります。そのとき私たちは、イエス・キリストによって神さまと契約関係にある。そう信じてよいのです。神と私たち人間との契約とはどういうものでしょう。

## 宝の民

申命記という書物に、その契約の中身が記されています。申命記は五章に十戒の言葉があります。

全体が律法の書ですけれども、その終わりの方の二六章に契約の中身、主とイスラエルの契約関係とはどういうものかが書かれています。二六章一七節から一九節です。

今日、あなたは誓約した。「主を自分の神とし、その道に従って歩み、掟と戒めと法を守り、御声に聞き従います」と。主もまた、今日、あなたに誓約された。「既に約束したとおり、あなたは宝の民となり、すべての戒めを守るであろう。造ったあらゆる国民にはるかにまさるものとし、あなたに賛美と名声と誉れを与え、既に約束したとおり、あなたをあなたの神、主の聖なる民にする」と。

中身を一言で言うと、主がイスラエルの神となる。そして、イスラエルが主の民となる。そういう関係を作る、そういう関係に入るということを、神さまが御自ら約束してくださった。神さまとイスラエルはそのような約束の中に結ばれているものになったと言うのです。この契約は最初にシナイ山で結ばれるのですけれども、そこにはこういう主ご自身の言葉が書かれてあります。

「今、もしわたしの声に聞き従い
わたしの契約を守るならば
あなたたちはすべての民の間にあって

わたしの宝となる。
世界はすべてわたしのものである。
あなたたちは、私にとって
　祭司の王国、聖なる国民となる」。

この主御自らのお言葉は、出エジプト記一九章五節、六節に書いてあります。ということは、出エジプト記によれば、主が十戒をイスラエルにお告げになったときには、この契約関係がもうできていたということです。だから、続く二〇章で十戒が出てきますが、その初めに、「私は主である」と名乗られ、主の民である人々に、「私はお前の神だ」と仰せになったわけです。

そもそも神さまというお方がお名前を持っていらっしゃる。特に、このお方は世界の神、唯一の神、ほかの神と並ぶもののないお方なので、名前を持っていらっしゃるといって、どの神さまだか分からないというようなお方ではありません。唯一の方がお名前を持っていらっしゃるというのは分かりにくいことでもありますが、にもかかわらず、神がお名前を持っておられるということは、私たちと名前で呼び合う関係を求めておられるということであるわけです。私たち人間の間でもそうですけれども、たくさん同じような人がいる中で、ほかの人と区別するために名前を呼ぶのではなくて、むしろ、一対一の「あなたと私」という唯一の関係だからこそ名前で呼び合うわけです。その一対一の名前で呼び合う人格と人格の関係を、聖書は神さまと人間の間の契約として言い表したのです。

申命記でも主エジプト記でも、主なる神は、イスラエルそして私たちのことを、「私の宝」と仰せになります。「宝」というのは、ただ大事ということではありません。「子どもを目に入れても痛くない」という言い方をします。それだけ大事にする。壊れないようにする。そういうことを私たちは思い浮かべますけれども、主なる神は私たちに向かって、もっともっとたいへんなことをおっしゃるのです。

聖書で「宝」と言われるときに何を思い浮かべるか。それはその宝を自分の宝として得るために、どういう犠牲を払ったかということです。お前を手に入れるために、あらゆるものを手放した。そういう関係なのだぞ、と主は私たちに仰せになります。しかも、これからいろいろなものを手放すというのではない。お前を、今、契約の関係に入れ、宝とするのに、私はあらゆるものを手放したのだ、と主は仰せになる。あなたを得るためにほかのすべてを手放した。これが契約の根拠です。だからこそ、これからも何があっても手放さない、ということです。

この私たちを宝となさった神が、十戒を私たちにお与えになりました。十戒というものをお与えになったということは、私たちが十戒に逆らうならば、そういう背信を犯すならば、私たちは十戒によって裁かれるということです。それは本当に厳しいことです。けれども、それは私たちが背信を犯して、不法を犯して、「もう嫌になった」と言って神さまが私たちを捨てるのではないのです。むしろ、神が私たちを裁きのうちに置かれるのは、私たちが宝だからです。主がほかのすべてをなげうって私たちをご自分のものとなさった宝だからこそ、主は私たちを裁かれます。もしもご自分のものでなかったら裁きません。そうではない。私たちをそれだけの犠牲を払って、ご自分のものとなさったから裁き給う。

## 宝の民を捨てることのない神

もう少し分かりやすい言い方をすると、神さまが私たちを宝にしてくださったということは、私たちもその神さまのみ心を知っているということです。だから主がどれだけ私たちを愛しておられるか、主が私たちにどのようにあることを望んでおられるのか、私たちのためにどれだけのものを犠牲にして、私たちを宝にしてくださったかということを知っていながら、その主に対して私たちが背信を犯す、主に背くということがあるならば、それは裁かれるわけです。主がそれほど大事にしておられるものでなければ、いくら逆らったところで、それは裁きにならない。ですから、「これからも宝だ」と言う以上は、「ほかのもののためにお前を手放すことはしない」とおっしゃるのです。その主なる神が、「もうお前など知らない。何でも勝手にしろ」というふうな関係の断絶をもって私たちを裁き、罰するということはありません。事実、預言者の言葉にたくさん出てきますが、イスラエルを厳しく罰しながら、「どうしてお前が死んでよかろうか。どうしてお前を捨てることができようか」と主はおっしゃる。

さて、主は私たちに向かってご自分のことを「お前の神だ」とおっしゃいます。契約関係にある私たちのためにすべてをなげうってくださった神が、私たちを捨てることは決してないとおっしゃった。そういう契約関係の中で、それを表すように、「お前の神だ」と呼びかけてくださいます。

このことを少し違った感覚と言いましょうか、神さまの気持ち、あるいは私たちのこのみ言葉を聞いたときの気持ちで表してみると、「お前の神だ」と言われて不思議な気持ちになります。というのは、普通、神さまというようなお方と人間の関係とは、私たち人間の方が私の神さまというものを持っていて、私の方から神さまを拝むのです。私の神というのは、私が信じる神という意味です。私が大事にする神さまです。しかし、神さまの方から、「私はあなたの神だ」とおっしゃるというような関係は、私はあまり聞いたことがありません。聖書でこういう関係に初めて出会った。私が信じる神さまを拝む。そういうふうにして神さまと私の関係を考えるときには、神さまの方が私をどう思っていらっしゃるのかは分かりません。それを礼拝の前提に考えることはできません。ただその神さまに良くしてほしい、こちらを向いてほしいから私はあなたを信じます、と言って礼拝をすると、神さまという方と私の関係というのは、私がどれだけ熱心に私の神さまに祈り、礼拝するか、あるいはどれだけ信心の功徳を積むか、そういうことに事柄はかかってきます。熱心な礼拝ほど良い。献げ物は大きいほど良い。普段の生活もこの神さまに従う。そのことによって本当の意味で私の神になってくれる。そういうことだと思います。

## 「あなたの神だ」と呼びかけてくださる神

ところが、十戒の初めに私たちにお名前を示してくださる方は、「私は主。あなたの神だ」とおっしゃるのです。私が何者であれ、私がどれほどの信心を持っているかなどということを問題にしないで、主の方が、「あなたの神だ」とおっしゃる。初めて聞いたら、これは戸惑うほかないと思います。私はあなたさまを神にした覚えはありません。あなたはだれですか。「私の神だ」とおっしゃるあなたはどなたですか。恐れ多い言い方ですけれども、そんなこと言われても迷惑だと思うかもしれない。しかし、私たちに向かって、私たちを造り、私たちを導いてこられた主御自らが、「あなたの神なのだ」「私がお前の神だ」とおっしゃる。

いきなり神さまにそんなことを言われたら、私たちは戸惑うほかない。けれども、そのときに、そうか、そのように私のことを見ていてくださり、私に「お前の神だ」と語りかけてくださる方が、私の神さまなのかもしれない。その方の前に立って、その方を信じるということを始めてみよう。そういうふうに関係は進んでいくものだと思います。神さまと私たちの関係。名前で呼び合う関係。「お前の神だ」と言われて、私たちは戸惑いつつ、しかし、その神さまに顔を向けていく関係。そういうものを神さまの側から私たちに向けていてくださいます。自分の信心、自分の神さまへの誠実によって、神さまへの関係を作っていくのではなくて、「お前の神だよ」とおっしゃってくださる神さま、主のご誠実に信頼していく。そういう信仰に、私たちは招かれているのだと思います。

# 第8回　エジプトの地、奴隷の家からお前を導き出した

## ——私が今この私であるために

### 契約の神と私たちの関係

十戒の初めで「私は主である。あなたの神だ」と名乗ってくださるお方のみ前に立ちたいと思っています。「私は主」、そのように名乗り給う方は世界に唯一の神です。天地創造の神。全世界を統べ給うのはこのお方であると私たちは信じています。世界に唯一のそのお方が私たちと契約を結んで、「私はあなたの神だ」とおっしゃってくださる。世界中の人にとって神であられるはずのお方が、この私に「私はあなたの神だ」とおっしゃる。こういう主なる神と神を信じる者たちの関係を、契約という形で聖書は表しています。そして、「お前は私の宝だ」と仰せになりました。

出エジプト記一九章で——これは十戒が告げられる少し前のところです——、シナイ山で主なる神がモーセを通してイスラエルに語りかけられます。「世界はすべてわたしのものである」（五節）。そう宣言なさいます。そう宣言なさる主が、それにもかかわらず、「あなたたちは私の宝だ」と仰せになりました。主は私たちをご自分のものとして得るために、すべてのものを惜しまれませんで

した。世界に唯一の神が、この私を、そして同じように信じる者たちを、唯一の存在と認めてくださって、私の神になってくださった。主はそのようにご自分を名乗ってくださって、私たちをみ前に立たせてくださいます。

ところで、十戒の初めに、主が「わたしは主、あなたの神」とおっしゃって、さらに主がイスラエルとどのような関係にあられるかを仰せになります。「あなたを導き出した、エジプトの地から、奴隷の家から」。ここに言われているのは、イスラエルが何によってイスラエルとして存在しているかというその源にある歴史のことです。今どうしてイスラエルはイスラエルとして主のみ前にいることができるのか。主の呼びかけを聞くことができるのか。そのことの源にはこの歴史がある。主がイスラエルをエジプトから導き出してくださった。

私たちキリスト者というのは、民族としてはこの歴史の経験者の子孫というわけではありません。私たちの主イエス・キリストが、出エジプトのために、ご自分を屠られた過越の小羊として、私たちのために犠牲になってくださった。そのイエス・キリストを信じる信仰によって、私たちもまた出エジプトの民の子孫に加えられています。ですからこれは信仰の関係であって、血肉の関係ではありませんけれども、主なる神がエジプトから導き出された人に向かって、「わたしは主、あなたの神。あなたをエジプトの地から、奴隷の家から導き出した」とおっしゃるときに、私たちもそのみ言葉の前にいて、主の犠牲によって救われた者として、「私の宝」と言われる存在になった者として立たされています。

## イスラエルとは何か

さて、「イスラエル」とは何でしょうか。これは聖書を研究する人たちがいろいろなことを考え、また調べてきました。イスラエルというのはもちろん一つの民族です。歴史上に存在しています。その子孫たちは、今も世界中に散らされてはいますけれども、確かに存在しています。それならば、イスラエルの民族とはどのように定義できるのか。

実はイスラエルは確かに民族なのですけれども、聖書はそういう民族としての定義をしていません。しかし、イスラエルの定義は、聖書では明らかなのです。血筋やいろいろな遺伝の特質などを調べなくても、実際イスラエルの定義は書いてあります。それは、出エジプトを経験したということです。もともとはたぶん単一の民族ではなかった。でも出エジプトによって救われた人たちが、その経験によって一つになった。出エジプトによって同じ一人なる主を信じた。その信仰によって一つとなりました。そうやって一つの群れになった。そのことをずっと受け継いできているわけです。受け継いでくるうちに、その同じ出エジプトを経験した人たちが、だんだんと血縁、子孫を残していくことによって一つの民族になってきた。そういうものだろうと言われています。ですから、イスラエルの人たちは、今はもちろん血縁ですけれども、この人たちが血縁関係に入る、一つの民になるその最初のところには、歴史の経験があって、その歴史の経験をずっと受け継いでくるうちに一つの民族になってきた、というわけです。出エジプトによって定義されるのがイスラエルですから、イスラエルがイスラエルである、イスラエルがイスラエルであり続けるということもまた、ただ単にそういう人の子どもだからということではなくて、自分たちの源にある歴史を受け継いでいくということなのです。

出エジプトを起こして先祖たちを奴隷の家から解放してくださった、その主なる神に誠実を尽くし従うことが、イスラエルであるということなのです。そして、そのようにイスラエルをエジプトから導き出された神がイスラエルに向かって、「私はあなたの神だ」とおっしゃいました。「あなたの神」と名乗られることの中身は、エジプトでイスラエルを救い出して、ご自分のものとなさったということです。これが契約の内容であるわけです。

血肉の関係でイスラエルであるわけではない私たちが、イスラエルの信仰における子孫だということの意味は、私たちをご自分の民となさるために御独り子を犠牲になさった神に帰依することによって、私たちはイスラエルの子孫であるということです。私たちは神さまから「あなたの神だ」と言っていただける存在なのです。

## 神はどのような神か

私たちキリスト者には存在の定義が与えられているわけです。神さまがエジプトから導き出してくださったのが私たちです。それはすなわち、キリスト者にとっては、イエス・キリストが私たちのために十字架にかかって犠牲になってくださったということです。私たちが自分がキリスト者であると名乗るときには、このキリストによって自分たちは定義されているのです。それが普通の順序です。

けれども、どうもこの十戒の神さま御自らのお言葉をよくよく考えてみると、「私は主、お前の神」と言われた主は、「私はお前の神であることによって神なのだ」とおっしゃっているように聞こえるのです。イスラエルをエジプトから不思議なわざで導き出されたことによって神なのだ。私たちが罪から救われるために御独り子を十字架につけて贖いとなさったことによって、私たちの救い主、私たちの神なのだ。普通、神さまの定義というのは、神さまだから神さまなのです。私たちが信じる主もそうなのです。けれども、「神さまなのだから神さまだ」と、それ以外に言いようのないお方が「私はお前の神だ」とおっしゃり、「お前を救い出した者だ」というふうにご自分を定義なさる。これはとても不思議なことだと思います。私たちはそういう神さまのみ言葉を聞いているわけです。

私たちは、自分は何者なのだろうと考えることがあります。人間とは何だろう。そうすると、自分を定義する言葉の中に、親とか家族とか、さらには学校で与えられたものをもってしか自分を自分として表すことができません。それが自分にとって良いことであれ悪いことであれ、自分が自分であるというのはそういう関係の中で決まってきていると思います。私とは何者なのだろう。「私は私だ」と言うときに、自分はどういう関係の中で生まれ、どういう関係の中で育ち、そして、今どういう関係の中に生きているのかということでしか自分を表すことができない。

私たちに呼びかけてくださる神は、本来であれば、私たちがどうであれ、神だから神なのです。けれども、本来であれば私たちを必要としないはずの神さまが、この私たちをご自分の定義の中に入れておられるのです。神さまが神さまであるのは、お前の神であるということにかかっている。神さまが神さまであるということの中に、お前は欠くことのできない者として置かれているのだ。私たちが私たちであるために、神さまは私たちをエジプトから導き出してくださった。罪の縄目から解き放ってくださった。しかし逆に、奴隷の家から解き放ってくださった神として、神であられるのです。私たちはそのような存在なのです。

神さまはご自分のお名前を名乗られます。それは私たちとの名前と名前で呼び合う関係を求めておられるからです。お互いに唯一の関係だからこそ名前で呼び合うのです。そういうものであってくださる。本来、名前はいらないはずなのに、私たちとそういう関係を作り上げるためにお名前を持ってくださった。そして、このお方は全世界にとっての神であるはずなのに、「お前の神だ」というところにまで屈み込んでいてくださるのです。さらに、「お前は私の宝だ」とおっしゃってくださる。お前の神であるためにこれだけのことをした。それが、神さまが神さまであることの内容だと呼びかけていてくださるのです。

私たちは十戒を読み始めたときに、もうこれだけ神さまの恵み、神さまの呼びかけに触れているのだということを知りたいと思います。

# 第9回　ほかに神があってはならない、私を差し置いて

——主だけを見つめて

## 私に一途の神

十戒の初めに、私たちの神は、「私は主である」とお名前を名乗られます。世界に唯一の神でいらっしゃいますが、同時に、私たちに向かって「お前の神だ」と呼びかけてくださいます。世界に唯一の神が、この私を御自らにとって唯一の存在と認めてくださって、ご自分を「お前の神だ」とおっしゃる。この私を得るために主はすべてのものを惜しまなかった。そうおっしゃってくださいます。主はどのようにしてイスラエルの神となり、私たちの神となってくださったか。このように仰せになります。「私はお前を導き出した、エジプトの地から、奴隷の家から」。

主がエジプトの地、奴隷の家から導き出した者たち、それがイスラエルです。そして私たちは、主イエス・キリストを信じる信仰によって、エジプトから導き出されたイスラエルの子孫です。驚くべきことですが、主は御自らを現し給うのに、このイスラエルをエジプトの地、奴隷の家から導き出した神としてお現しになります。本来、神さまというのは何ものによっても定義されることは

ありません。神だから神なのです。そのお方がイスラエルをエジプトの地、奴隷の家から導き出した神として知られる神になってくださった。恐れ多い言い方を許していただくならば、神はイスラエルあってこその神になってくださった、ということです。そして、イエス・キリストにあって私たちにも呼びかけてくださいます。お前あってこその神だ。

その神が、十戒でまず私たちに何をお命じなったのでしょうか。

「お前のためにあってはならない、ほかの神々が、私の面前に」。（私訳）

主はご自分を「お前の神だ」と仰せになり、「お前をエジプトの地、奴隷の家から導き出した神」、そういう神として神なのだと仰せになります。それはつまり、主は私たちのためにすべてのことをしてくださった、私たちのためにこの神は一途なのだ、ということでしょう。「お前の神」ということのほかのあり方をなさらない神。お前をエジプトの地、奴隷の家から導き出したということをもってお前の神であるのだ、とおっしゃる方なのです。

それならば、私たちも主に向かって一途であるはずでしょう。「私は主、お前の神。お前を導き出した、エジプトの地から、奴隷の家から。それゆえにお前のためにあってはならない、ほかの神々が、私の面前に」。主がお名乗りになって、そして最初の命令を語りかけてくださる。そこは一気に読むべきことだと思います。主のお名前が表されて、私たちとの関係を示してくださって、だからこそ、お前のためにほかの神々が私の面前にあってはならない。この関係を強調するならばこういうふうにも訳すことができます。

「私、主、お前の神、お前を導き出した者。エジプトの地から、奴隷の家から。お前のためにはあってはならない、ほかの神々が、私の面前で」。（私訳）

「お前のためにほかの神があってはならない」と仰せになります。理屈をこね始めると少し分かりにくいところがあります。主は唯一の神でいらっしゃるはずではないかということです。主は唯一でいらっしゃるはずなのに、「ほかの神があってはならない」とお命じになります。ほかの神など存在しないはずではないでしょうか。

ほかの神が存在するから、「お前のためにほかに神があってはならない」とおっしゃるのでしょうか。それならば、主が唯一であるとはどういうことになるのでしょう。このことは実は、私たちが罪人であるのだという現実を考えてみると分かります。私たちが罪人であるとはどういうことでしょうか。それは、私たちを造ってくださった唯一の神から逃げ出そうとするものだということです。私たちをこの世に生まれさせ、すべての恵みを満たしてくださった唯一の神がいらっしゃる。神がいらっしゃったからこそこの地上に存在する者であり、その神の恵みに満たされていながら、唯一の神の恵みでは足りない、唯一の神のもとにいることは窮屈だと不満を漏らすのです。ほかに神々がいるわけではないのです。唯一の神でいらっしゃって、私たちの唯一の救いをくださるお方がいるのに、その救いに私たちが不満を抱くのです。それで自分の欲しい物を得るためにほかの神を造り出します。私たちを造って導き、最後まで担ってくださる神のみもとにあることが窮屈になって、自分で造った神を拝むようになるのです。私たちが罪人だというのは、そういうことではないでしょうか。ほかの神というものが存在して、そちらへ行ってはいけないよ、という意味ではなくて、この私が私のために造り出す神のことです。

## 命令する言葉

さて、十戒が「〜をしてはならない」、あるいは「〜があってはならない」と言うときに、その文は命令形の言葉を用いません。ヘブライ語の文法でものごとを命令するときに使う特別な形があります。日本語では「〜をせよ」「〜をするな」というのは命令形と言います。しかし、十戒の戒めは文法的に言うと、命令形を用いていません。むしろ現在形と言いますが、現在ある状態や現在行われている動作を表す言い方、まだ終わっていない、今も続いている状態や動作を表す言い方で、しかし「〜をしてはならない」という命令が言い表されています。

信仰者や、あるいは信じようとして道を求めている人の中に、戒律というものを嫌う方はたくさんいらっしゃいます。主イエスご自身が、戒律にがんじがらめになっている人たちをそこから解放して、ただキリストを信じる信仰によって救おうとおっしゃいました。そういう意味では、私たちは戒律をもってそれに縛られ、あるいはほかの人をそれで縛るということは警戒します。十戒のような禁令や命令をいとわしく思う人もたくさんいらっしゃいます。十戒がお嫌いな方、あるいはあまり好きになれない方に対して、でも十戒はとても大切だし、そんなに人を縛るものではありませんよと説明するために、この文も命令形ではないのだと説明されることがあります。最初の戒めも、「お前のためにほかの神があってはならない」というのではなくて、「お前のためにはほかの神々はないのだ」と説明されます。あるいは、「主であり、お前の神であり、お前をエジプトから導き出したこの私のほかに、お前のための神々があるはずがない」と理解する。最近はそういう説明が多くなっていると思います。

たしかに先ほど申しましたように、戒律を守るか守らないかでお互いを裁き、縛り合う時代は終わりました。けれども、主イエス・キリストのみ前で自分の罪の姿を見ると、「この神さまがみわざを起こしてくださったから、お前にはほかに神はない」、あるいは「お前は最初から私のほかに神はない存在なのだ」という言い方では少し弱いように思うのです。これは決して強制ではありませんよ、と悠長なことを言っていられない、そういう思いがいたします。

実は、ヘブライ語やその仲間の言葉の文法を見ますと、現在形という形は強い命令の意味を持ちます。よく考えてみると日本語でも共通したところがあります。たとえば、私が今一つの部屋の中で座って話をしているとします。ここに一人の人が入ってくる。「部屋に入ったらドアを閉めてお座りなさい」。これは命令形です。今、ここに入ってきた人に、「次はこうしなさいね」と言う。でも、そのことを現在形で言ったらどういうことになるでしょう。「部屋に入ったら扉を閉じる。そして座る」。これは相当に強い命令ではないでしょうか。そもそも部屋に入ったら座るものだ。部屋に入ったらドアを閉じるものだ。いつでもそうすべきだ、という意味が加わってきます。場合によったら、これは言い方によりますけれども、「部屋に入ったら扉を閉める。椅子に座る」と言ったら、部屋に入って座りもせずうろうろしているのはよくないと言われるような気になります。

十戒の場合、命じておられるのは主御自らです。主が「お前のためにはほかには神はない」と仰せになったら、それは私たちにとって必ずそうでなければならない。主ご自身が私たちにその関係は厳しく守らせようとしておられる。そういうみ心だと考えなければならないように思います。私たちは、黙っていれば私たちのためにこれだけの救いのわざをしてくださった主をないがしろにしてよそに逃げていくのです。そういう私たちを、主は何とかして救いのうちに留めようとなさいます。だから、「お前のためにほかに神はない」と言われる。主は私たちの唯一の神であろうとなさって御自らを犠牲になさった。どうしても私たちには、主に向かってただ一途に歩いてほしい。そうでなければいけない、と仰せになるのです。主はご自分と私たち人間とが、互いに一途であるような関係を求めておられるのです。ですから、あなたはほかに神があるはずのない人間なのだ、ということには留まらないのです。

「私の面前に」と訳されている言葉も、そうであってはならない、ほかに神があってはならない、という強い命令を含んでいます。「私の面前に」というのは、普通「私の前で」とか「私の前に」

というときに使われる言葉よりも強い表現です。「私のほかに」と訳す人もいます。「私に並べて」、あるいはもっと強く「私に対立させて」ほかに神があってはならない。この言葉の旧約聖書の中での使い方をよく調べて一番ふさわしいのはこういう意味かなと思うのは、「私を差し置いて」という訳し方です。

これは夫婦の間柄で使われる言葉です。妻がありながら、その妻を差し置いてほかの女性と付き合う。あるいはその逆に、夫がありながら、その夫を差し置いてほかの男性と付き合う。それは互いの信頼関係を破って、ほかの者に心を寄せ、ほかの者について行くことです。主は仰せになります。私という神がありながら、その私を差し置いてほかに神があってはならない。私に向かってここまで一途であられる主なる神がありながら、そのお方を差し置いて自分の神をこしらえるならば、それは唯一無二の神と私たちとの信頼関係を裏切ることであって、そんなことがあってはならない。主はどこまでも私の唯一の神であり、私はどこまでも主のものである。この関係の中で私は生かされており、この関係を失ったら私は私でなくなるし、実は私の命の根を自分で断ち切ることになるのだ。「お前にはほかの神々があってはならない、私を差し置いて」。主は信頼関係を破ろうとする私たちに、少し厳しい声で、そうあってはならないぞ、とおっしゃっているのだと思います。

# 第10回　彫像を造ってはならない

## ——何を造ってはいけないのか　ご利益宗教との違い

### 聞かれない祈りの意味

今日は、十戒の言葉をめぐって、ご利益宗教というものがなぜいけないのかということをお話しします。キリスト教やその兄貴分であるユダヤ教はご利益宗教ではないと言われます。でも、信仰の結果、どういうことが起こってくるかということは、信仰告白の中でも言われていますね。罪の赦し、体の甦り、永遠の命……、これはご利益ではないのだろうか。あるいはもう少し身近なところでも、私たちが主イエスの名によって祈るならば、その祈りは必ず聞かれると教えられます。それは祈りのご利益ではないのでしょうか。

キリストを信じる人の中にも、キリストの教えはご利益宗教ではないなどと難しいことを言う必要はないのではないか、キリスト教にも素晴らしいご利益があるのだと言う人もあります。キリスト教は生きる意味を教えてくれる。そういう生きる意味を与えられて、これから力強く生きていけるようになるのが、キリスト教のご利益だと言われることがあります。

私はユダヤ教やキリスト教は決してご利益宗教ではないと考えています。そもそも、ご利益宗教とは何でしょうか。キリストを信じる信仰はご利益を願う信心とどこが違うのでしょうか。違いを一言で申します。それは、祈りについてです。私たちの祈りの生活の中で、聞き届けられた祈りよりも、聞き届けられなかった祈りが大事なのだという点です。聞き届けられなかった祈りが大事だなどと言いますと、それはキリスト教のお祈りにはご利益がないことの言い訳ではないかと思われるかもしれません。しかし、私たちの祈りは、聞き届けられなかったときにこそ主のみ心が現されるものなのです。聞き届けられなかった祈りにおいてこそ、主のみ心が知らされるのです。私たちの祈りは、主イエスの名による祈りです。主が「このように祈りなさい」とお教えくださった主の祈りは、神のみ心がなるようにという祈りです。私たちは主の祈り以外にもいろいろな願いを神さまに申し上げることが許されています。そういう祈りをしていったときに、もちろん聞き届けられることもあります。聞き届けられたときに、主は私の願いをご自分のみ心として用いてくださったのだと喜びを覚えます。しかし、繰り返し熱心に祈っていたことが聞き届けられなかったときに、実は主のみ心は私と違うところにあって、こういうことを今、主はなさろうとしておられるのだということを思い知らされることがあります。私の祈りは間違っていたかもしれないということを思い知らされる。そういう体験をします。

主の祈りは、主が「このように祈りなさい」とお教えくださった祈りですけれども、それは同時に、主イエス御自らの祈りでした。主イエスは十字架につけられる前夜、エルサレム郊外のゲツセマネの園で懸命に祈られました。どう祈られたか。十字架という杯が取り除かれることを願われたのです。しかし、主はそのときに「この苦しみを取り除けてください」と祈りつつ、「み心が行われるように」と祈りを閉じられました。そのことが三度繰り返されました。夜を徹して主はその祈りを繰り返されます。「十字架という杯を取り除けてください」という主イエスの祈りは聞き届けられませんでした。そして、神のご決意がどこにあるかが明らかになりました。

## ご利益宗教との違い

キリスト教の中で祈りの力、祈りの恵みを証ししようとするときに、ご利益があると言っているように聞こえることがときどきあります。たとえば、仕事に行き詰まっていたときに祈ったら道が拓けてきた。お金がなくなったときに祈ったら不思議と必要なものが与えられた。そういう証しを聞くことがあります。それはそのような必要が満たされた方と主御自らのつながりの中で大切にされるべき良い体験だと思います。けれども、そのときにいつも考えておかなければいけないことがあります。

それはそのような良い体験を与えられなかった人はどうなるのかということです。祈りが足りなかったのだろうか。病気の人が癒してくださいと祈ります。熱心に祈る。しかし、その病気の人が癒されないでいるのは信仰が弱いからなのでしょうか。祈ったら聞き届けられたという証しは、それ自体は尊いことですし、神さまのみ前で大事にしたらよい体験ですけれども、祈ってもうまくいかない人にとっては、裁かれる思いになることがあります。その人の信仰が弱い、あるいは祈りが足りない、だからうまくいかないなどということはないはずです。

私たちがなかなかやることがうまくいかなくても、実は、神さまはみわざを私たちを通して着々と進めておられるということがあります。今、自分の願いがうまくいかなくても、それでもこうしてここに生きている。生かされている。そのことが不思議にもほかの人を信仰に導くことがあります。ある人が信仰を失うことがある。信仰というのは神さまの方が救ってくださるという決意に根拠がありますから、失うということはないのですけれども、その神さまのみ前で信仰が分からなくなってしまう。そういうことがときどき起こります。またときには、そのような信仰の行きつ戻りつを見て、ほかの人が――たとえばその人の友人が――教会に来るようになる。そういう奇跡を起こされることがあります。私もそういうことを何度も見せていただいてきました。私たちが病に苦しんで、しかし、それが癒されずにここにいることが、実はほかの病の人を慰め力づけることがあります。これは言い訳でも強がりでも諦めでもありません。祈りは主のみ心がなるように祈るのであって、主のみ心がなるときに、そのことを祈っていた者たちも生かされるのです。神は私たち人間が求めた筋道とは違う筋道でみわざを行われることがあるのです。

## 神がすでに行われたみわざを祈る

神は私たちの思いをはるかに超えて、私たちの存在を満たしてくださいます。私たちを用いてみわざを行ってくださいます。私たちには、そのように神さまに用いていただいていることが分からないことがあります。主はどのように私を愛し用いてくださるのか。私が今生きている意味はどこにあるのか。そういうことが分からなくなることもしばしばあります。ご利益がなければ、なぜ信じ、なぜ祈るのか。そういうことがもちろんあるし、それはもちろん尊いことですけれども、私たちは祈りが聞き届けられて良かったと思うことがもちろんあるし、それは私たちの願いを何でも聞いてくれるからこの方が神なのではなくて、私たちの祈りに先立って、私たちの願いをはるかに超えて御自らのみわざを行う神なのです。そういうところに私たちの信仰は行き着くのだと思います。

ご利益宗教は、自分の思い通りになる神さまを求めます。ですから、私たち人間が求めるご利益によって、それに合わせていろいろな顔の神さまが造り出されます。たとえば病をもたらす病魔やわざわいを追い払ってほしい。そういうときには怖い顔の神さまを造ります。怖い顔をした像を造って、そういう神さまがそこにいらっしゃるということを信じようとします。そういう怖い顔をした神さまがいる有名な場所というのは昔からあちこちにあります。わざわいを追い払ってほしいときに、わざわざそういう神さまが置かれている場所に、場合によっては長い旅をしてまで出かけて行って拝みます。わざわざその神さまのところまで行くことで、熱心に祈ったという満足感を得ようとします。功徳を積んで、これで良しと思いたい。慰めや癒しが欲しければ、優しい顔の神さまを求めます。不幸にも子どもを早く亡くした親たちは、子どものような姿をした神さまを拝みます。

気持ちとしてはよく分かる。けれどもそれは自分で造り出した神さまです。私たちを愛してくださる主は、私たちが主に祈る願いを起こしたときにはもうすでに、私たちを恵みのうちに置いていてくださいます。私たちの主はありません。時によって違う顔をしたいろいろな神さまになって私たちの願いに応えようとする方ではありません。私たちの主は、ときに私たちを叱り励まして立ち上がらせることがあります。しかしまた、泣いている人と共に泣いてくださいます。病の人とその病床で共に苦しんでくださるのです。家族を亡くした人には復活の希望を示してくださるのです。

こうした出来事は、私たちがそういうご利益のあるイエスさま像を求めて造り出したものではなくて、私たちの願いの中にさえなかったことです。復活は私たちの願いにはありませんでした。私たちが「立ち上がれない」と言って、「それでいいよ」と言ってくれる神を求めるときに、主イエスは「立ち上がれ」とおっしゃいます。神が私と共に泣いてくださるということも、また神が私の悔い改めを喜んでくださるということも、私たちが思いもしなかったことではないでしょうか。私たちは、私たちの願いを超えた主のみわざによって救われるのであって、自分の願いごとの中に神さまを取り込んで、思い通りの神さまを造り出すことはできません。主は十戒の中で御自ら私たちにこう仰せになります。

「お前は造ってはならない、お前のために彫像を。あらゆるかたち、上は天にあるもの、また下は地にあるもの、さらに地の下の水にあるもの。お前は平伏してはならない、それらに。また、お前はそれらに自らを仕えさせてはならない」。

（私訳）

彫像とは、金属で――たいていは金や銀です――造られた、人のかたちをした像です。金や銀で人のかたちをした像を造る。それは神の姿を表しています。そういうものを造ってはならないと主は仰せになります。どのような形であっても、それを拝むために造ってはならない。この戒めは、一つには偶像を造って拝んではならないということです。つまり主のほかに自分の神さまを造って拝んではならないということで、最初の「ほかに神があってはならない」という戒めと同じ意味だと理解することもできます。カトリック教会やルター派の教会ではそのように理解します。しかし、改革派の教会やギリシアやロシアなどの正教会では少し違う読み方をします。それは、主なる神ご自身を像にして造って拝んではならない、という読み方です。主を拝むのに何か形で主を表して、それを拝んではならないという戒めとして読みます。

どちらも正しい。その両方の意味があるということを私たちは知っていてよいのではないかと思います。私たちの主は、私たちが待ち望む、私たちのイメージの中に閉じ込められるお方ではありません。主の方が、私たちが望む前に、私たちのために、初めから救いを計画なさり、その救いの中に私たちを入れるためにすべてのことをしてくださった。その神を私たちの思い通りに刻んだ像の中に押し込んではならない。そう命じられているのです。

# 第11回　あらゆるかたちを

## ——神のかたち、神の像

### 十をどのように数えるか

今日は、十戒について少しややこしい話をします。それは、十戒とはどの戒めをどのように数えて十になるのか、ということです。案外明らかではないのです。このシリーズの三回目で、聖書の中で十戒は出エジプト記二〇章と申命記五章に伝えられているけれども、少しずつ言葉が違うし、十戒といってもいろいろな数え方があり、教会によって伝えている言葉も違うという話をしました。

今日お話しするややこしい話というのは、もう少し深刻なことです。十戒の数え方は、ローマ・カトリック教会と東方の正教会では違います。プロテスタントの中でも、ルター派と改革派で異なります。ユダヤ教の十戒の数え方も少し違います。聖書の中でも、細かい言葉の違いがあるだけではなくて、そもそも十の戒めの数え方が出エジプト記と申命記で違うのです。

日ごろ触れていらっしゃる教会もまちまちだと思いますが、一応、日本のプロテスタント教会で一般的な十戒の数え方は改革派系統の教会の数え方だと思います。それは、「ほかの神々が、私の面前に、お前のためにあってはならない」という戒めが第一戒。「お前のために彫像を造ってはならない」という戒めが第二戒。「主の名を虚しいことのために唱えてはならない」というのが第三戒。安息日が第四戒。「父母を敬え」というのが第五戒です。以下、「殺すな」「姦淫するな」「盗むな」「隣人に対して偽りの証人として答えるな」「隣人の家をむさぼるな」。これで十の戒めです。

東方のギリシアやロシアなどの正教会も数え方は同じです。ところが、カトリックとルター派の教会は違う数え方をします。「彫像を造ってはならない」という戒めの理解が、改革派と異なるのです。つまりルター派やカトリックの人たちは、改革派の人たちの二番目の戒めを、偶像崇拝の禁止だと理解します。そうなると偶像というのは主なる神とは違う神で、「ほかの神々があってはならない」というのと同じ戒めになります。ですから、文は二つだけれども戒めとしては一つだと考えます。「ほかに神々があってはならない」というのと「彫像を造ってはならない」というのが一つに要約されて、偶像崇拝をしてはならないという戒めになる。これが第一戒。「主の名を虚しいことのために唱えてはならない」というのが第二戒。順次数えていって、どこで十になるかというと、第九戒が「隣人の妻を欲しがってはならない」で、第十戒が「隣人の家をむさぼってはならない」となります。改革派の教会で第十戒と言われているものを二つに分けます。

ユダヤ教では、改革派の教会が第一戒と第二戒に分ける初めの部分を、カトリック教会やルター派の教会と同じように一つと数えます。しかし、「隣人の妻を欲しがるな」という戒めと「家を欲しがるな」という戒めを分けることはありません。「隣人の家をむさぼるな」という一つの戒めと読みます。それではどこで十になるかというと、最初の主がお名前を名乗り給うところ——キリスト教では「序文」と言われるもの——を第一の言葉とします。十戒では初めに「私は主である」と主がお名前を名乗られます。そして、「ほかの神々があってはならない」「彫像を造ってはならない」と命じ給うて、再びその戒めを締めくくるように、主がお名前を名乗られます。そうなりますと、お名前を名乗られて、戒めが始まって、お名前をもう一度名乗られて一区切りすると読めますから、最初のその部分は全体で一つの戒めなのだと読むのです。カトリックやルター派、そしてユダヤ教でもそのように読むわけです。しかし、カトリックやルター派が第九戒、第十戒と数える「隣人の妻を欲しがるな」「隣人の家をむさぼるな」というのを二つの独立した戒めと読むところは、ユダヤ教では違います。これは一つのものとして、「家をむさぼるな」と要約してしまいます。このカトリックやルター派のように第九戒と第十戒を「隣人の妻を欲しがるな」「隣人の家をむさぼるな」というふうに読むのは、申命記五章の十戒がそうだからです。申命記はその五章のところで、おそらく最初の二つの文を一つの戒めとして読んで、そして一番最後——これは順序も出エジプト記とは違うわけで、最初に「隣人の妻を欲しがるな」、それから「隣人の家をむさぼるな」という順序になっています——を二つに数える作りになっているだろうと思います。

それに対して、日本の多くのプロテスタント教会や、ギリシアやロシアの正教会では、十戒は、出エジプト記二〇章をそのまま読みます。事実、ハイデルベルク信仰問答——これは改革派の信仰問答です——では、出エジプト記二〇章二節から一七節がそのまま引用されています。話をもう少しややこしくするかもしれませんが、出エジプト記の十戒も、最初の主が名乗り給うて始まって終わる、そのひとまとまりの二つの戒めを一つとする読み方もあるようです。聖書のテキストを正しく書き写し、正しく朗読するユダヤ教の伝統がありますけれども、その中に実は「ほかの神々があってはならない」というのと「彫像を造ってはならない」という文を分けて区切って読む伝統と、一つのものとして一気に読んでしまう伝統とが両方あるようです。そうなりますと、いよいよ十戒というのはどこで区切って何を一と数えて、そして十になるのか、よく分からない部分もあります。

## 「彫像を造ってはならない」の意味

さて、なぜこのようなややこしい話を今日申したかと言いますと、この私たちが二番目と思っている「彫像を造ってはならない」という戒めが、何を禁じているのかについていろいろなことを考えなければならないからです。もしも、これは「ほかに神々があってはならない」ということと同じならば、そこで造ってはいけないのは、ほかの神々の像ですから、そうであれば教会の中に主なる神、あるいはイエス・キリストの像があってよいことになります。カトリックの礼拝堂とルター派の礼拝堂にはかなり似たところがあります。それに対して改革派の礼拝堂で一番違うのは、十字架にイエス・キリストの体がついているかどうかという点だろうと思います。改革派教会に行くとそれはありません。私の育った教会などは十字架さえありませんでした。がらんどうです。その中に説教卓と聖餐卓とがあって、それ以外には何もありません。それで「ほかの神々があってはならない」ということと「彫像を造ってはならない」ということをどのように区別して考えているかというと、「彫像を造ってはならない」というのは、主なる神についてだということなのです。偶像崇拝をしてはならないと言ったときに、「ほかの神々を拝んではならない」という面と、「主なる神について像を造ってはならない」という面を、相当厳しく守っているのではないかと思います。それだけではなくて、そもそも教会に神の像を置くということ自体を嫌う傾向があると思います。「彫像を造ってはならない」という戒めを、「ほかの神々があってはならない」ということと区別して理解するならば、その意味は、ほかの神々の像を拝むことの禁止というよりも、私たちの主を像にして拝んではならないということです。そこが改革派教会の強い性質だろうと思います。そういうことが十戒の読み方の違いから起こってくるのです。

前回、主を拝むのに私たちの望む姿の中に主を押し込んではいけないと申しました。そのことについてもう一つ考えておくべきことを、今日、付け加えておきたいと思います。それは前回、ご利益宗教というのは私たちの望みに合わせて、私たちが望んでいる神さまの姿というのを造り出して、その中に主なる神も押し込んでしまうことだ、ただ私たちの望みを聞いてくれる神さま、それだけの神さまにしてはいけない、という話をしました。このことをもう少し根本的に申し上げると、それは私たち人間が、実は、神の像として、神に似せられて造られたということに関わるのです。これは逆ではありません。私たちの像、私たちに似せて神を造ってはならないのです。

十戒を読んでいきますと、私たち人間が人間として神さまがいようがいまいが、行うべきことを命じられているように聞こえますけれども、決してそうではありません。今までも、この十戒の話の中で、私たちに呼びかけていてくださる主なる神を思うときに、そこでは主なる神と私たち主の民との関係が、どういうものであるかを教えられてきました。ご利益宗教というのは、神さまがご自分のかたちにご自分に似せて私たち人間をお造りになったという関係を逆転させてしまいます。私たちが自分の望みに合わせて、私たちのかたちに、私たちの望む姿に、私たちに似せて、神を造ってしまう。そうなると神さまは神さまでなくなってしまいます。

十戒によれば、私たちはこの神さまが神さまであられるからこそ私たちであるのであって、その関係が逆転すると、私たちはもう何によって私たちであるのかが分からなくなります。ご利益宗教というのは、そういう関係を壊してしまうものだと思います。そうではなくて、私たちがこの「彫像を造ってはならない」という戒めによって教えられることは、私たちは自分のイメージに合う神さまによって生かされるのではなくて、私たちをご自分に似せて造ってくださった神さまによってこそ、私なのだということです。そのことのために「彫像を造ってはならない」という戒めを覚えるのです。

# 第12回　嫉みの神
## ――私は主のもの

### 主との深い関係の中で

十戒は、主がお名前を名乗り給うことから始まります。「私は主である」と、主はご自分のお名前をおっしゃいました。そこから始まって、「ほかの神々があってはならない」「彫像を造ってはならない」とお命じになります。これは、主なる神と私たち主の民との関係を定める命令です。そして、この命令を締めくくるように、もう一度主が名乗り給うのです。初めに、「私は主である」とお名前を表されたのに続いて、主のご性質と申しましょうか、主が私たちにとってどのような神として御自らを現してくださるのかを仰せになります。「私は主である」とおっしゃって、すぐに続けて「お前の神だ」とおっしゃる。さらに「お前を導き出した、エジプトの地、奴隷の家から」と続きます。

私たちと契約関係を結んでくださって、「お前の神だ」とご自分を名乗ってくださるお方は、ご自分の民を奴隷の家から解放した、そのわざによって神であるのだ、ということを現し給うのです。

そして、戒めがあって、今再びお名前を表してくださるのですが、やはりこちらでもそれに続いて、御自らの私たちに対するあり方を仰せになります。このように書いてあります。

「まことに私こそは主、お前の神、嫉みの神、報いる者。父たちの悪を子たちに向かって、三代目たちに向かって、また四代目たちに向かって、私を憎む者たちには。しかし、一千代にまでまことを行う者、私を愛する者たちには。つまり、私の命令を守る者たちには」。（私訳）

まず初めの時と同じように、「私は主」と名乗られた後に、「お前の神だ」とおっしゃってくださいます。そして、「嫉みの神」であると言われます。そして「嫉みの神」であることの内容として、「悪に報いる者」、また「まことを行う者」とご自身のことをおっしゃいます。

主は恐るべき復讐の神なのでしょうか。主に向かって悪を行うならば、その悪に必ず報いるお方だと言うのです。しかし、これは悪に対して仕返しをせずにはおかないという主の恐るべきお姿よりも、もう少し違う主のお姿が見えてきます。この方は、私たち人間とどのような関係を持っておられるかというところから考えなくてはいけません。主のみ前では私たち人間が悪を行うとするなら、それは主との関係を壊してしまうことです。関係のないところで私たちが主に対して悪いことをしても、それに対して仕返しがあるということではない。主と私たちの間には深い契約の関係があって、その中で私たちが悪を行うならば、それはその関係を壊してしまうことになるということです。悪を行うということは、そういう結果をもたらすことなのだと言うのです。私たちの行う悪に対する罰は、主の前から離れてしまうということです。主の恵みの内にいることができない。主との関係が切れてしまう。それが罰です。私たちが悪を行う。それはつまり主との関係を切ってしまうことであり、悪を行うことそれ自体が、私たちを主から離れさせるという罰になります。

神は私がした通りに、それを鏡に映すように、私にその結果を返されるお方です。「目には目を」と言われますけれども、それはつまり、私たちがしたことがそのまま私たちに返ってくるという意味です。ですからこれは逆のことがあるわけです。主に対してまことを尽くすならば、主御自らはもともと変わることなくまことを尽くす方でいらっしゃいますから、私たちに一千代に渡ってまことを行ってくださる。それはつまり、もともと主はまことを尽くす方なのですから、私たちがまことを尽くすというのは、何もないところでそういうことを行うのでなくて、主のまことに私たちがお応えするということなのです。私たちに誠実を尽くしておられる神に、私たちが誠実を尽くすならば、お互いに真実である関係ができ上がるわけです。何もないところで、私たちがまことを尽くして、今度は神さまにまことを尽くしていただかなければならないという関係ではありません。もう神さまは私たちに対して真実であられて、あとはもう私たちが真実を尽くすだけです。そうすれば、私たちと主の間に真実の交わりが生じるということです。そういう意味で、主は「お前の神」とおっしゃり、「悪に報いる者」とおっしゃり、「まことを行う者だ」とおっしゃいます。

## 神の嫉み

さてしかし、主はご自分を「嫉みの神だ」とおっしゃいます。神が嫉むというのは、神としては普通ではありませんよね。しかも十戒には、本来嫉むはずのない神が、人間の不誠実によってたまたま嫉むことがあるという書き方をしていません。「私こそは主」、すなわち「嫉みの神だ」と仰せになるのです。

旧約聖書の中で「嫉む」という言葉は、そんなにしばしば出てくるわけではありません。夫婦の間や、兄弟の間、あるいは同じ地域に住んでいる人の間で嫉むということがあります。ただ、「嫉みの神」という言葉は、本当にまれにしか出てきません。出エジプト記と申命記の十戒にそれぞれ一回ずつと、あとは申命記四章二四節、六章一五節、そして出エジプト記三四章一四節です。それから、言葉の形がちょっと違いますけれども意味は同じものが、ヨシュア記二四章一九節とナホム書一章二節に出てきます。これだけです。では、「嫉む神だ」という言い方が例外的な言い方で、普通神さまのことを表すのには使わないということなのかというと、そうではありません。やたらと口にすることのできない重要な事柄なのです。やはり主ご自身のお姿の中に、本質的に「嫉み」というご性質があるのです。

申命記では十戒の授与に先立って――四章二三、二四節で――十戒と同じように「彫像を造ってはならない」という戒めと結びつけて、「嫉みの神」ということが言われています。主は十戒をお授けになったホレブで、火の中からお語りになったけれども、お前たちはその姿を見なかった。声を聞いただけだ。だから、「主なる神を現すのに彫像を造ってはならない」と言われた後で、「まことに主はお前の神。この方は食い尽くす火、嫉みの神だ」と教えます。出エジプト記三四章になると、この「嫉み」ということが神のご性質に属するということがはっきりと言われています。まことに主はその名が「嫉み」であって、この方こそ「嫉みの神」なのです。たいへんなことですね。主というのはそのお名前を「嫉み」だと言う。そのように証ししています。

神が嫉む。主はそんなに感情的なお方なのでしょうか。日本の聖書の翻訳ではだいたい「嫉みの神」「嫉む神」という訳が採用されていますけれども、新共同訳ができて多くの人が驚いたのは、それを「熱情の神」と訳したことでした。そう訳した理由を私は知りません。神さまのことだから少し遠慮したのかなとも思います。しかし、「熱情の神」と言ってしまうと、それが神さまのご性質を現しているように読めます。相手が人間であろうと何であろうと、とにかくこの神さまは熱情的だというふうに受け取れます。「神の熱心」という言葉もありますから、それも正しいことだと思います。しかし、「嫉み」というのは、ただ神が熱情的だということに留まらない。相手があるのです。夫婦の間での裏切りによる嫉み。兄弟の間で一人だけ愛されている者への嫉み。同じ地域の中で一人うまくいっている人への嫉み。主はイスラエルに対して、そういう嫉みを持ち給うのです。主が嫉むというのは、私たちにとって少しつまずきかもしれません。でも、主は私たちとの関係において、冷静な、何をしてもどちらでもよいような関係を望んでおられません。主は私たちとの関係において「嫉み」そのものであられる神なのです。

十戒では、主とイスラエルの関係を夫婦の関係に使う言葉で表すことがあります。「私を差し置いてほかの神々がお前のためにあってはならない」と言われたときの「差し置いて」という言葉は――夫婦関係においてだけ使う言葉ではありませんけれども――そういうつながりを思い出させるものです。「嫉み」という言葉も、夫婦関係にしか用いないわけではありませんけれども、やはり夫婦の間で一番問題になることでしょう。主は嫉みの神。それは主とイスラエル、主と私たち信仰者との間の夫婦関係に似た信頼関係を前提にしています。

「主は嫉みだ」と言われることに少しつまずきを感じて、主は嫉むほどに私たちを愛しておられるのだと説明する場合もあります。そうかもしれません。しかし、「嫉むほどに」という程度の問題ではないだろうと思います。主と私たちは夫婦のような信頼関係なのです。私たちがほかの神を拝んだり、彫像を造ったりするということは、この信頼関係を壊すのです。単に主が、相手はだれであれ、事柄が何であれ、熱情的な神なのだということではない。程度の問題でもない。主は私たちがこの信頼関係を壊すことに耐えられない神だということです。

恐れ多い言い方ですけれども、主は私たち、あるいはイスラエルというものがあっての神でいらっしゃいます。主はお名前を名乗って、「お前の神だ」とおっしゃってくださる。「お前の神であることによって初めて神だ」とおっしゃる方です。主は私たちと夫婦のような信頼関係を結んで、そのことによってこそ神であられる。そうであるならば、私たちがその関係を裏切ったらどうなるでしょう。そうなると、主は神らしくあることができなくなってしまう。愛する対象を失って激しく怒り、あるいは心に動揺を覚え、そして、私たちのためにご自分を苦しめ給う。そういう神です。

　創世記六章のところで人の裏切りに出遭って、「主なる神は人を造ったことを悔いた」と書いてあります。それは、愛し信頼した私たち人間に失望して、心動き、そしてご自分を責めなさった主のお姿です。でも、私たちが裏切ったら、それで神でなくなるのかというと、もちろんそうではありません。今度はホセア書一一章を見ますと、イスラエルの背きに本当にお怒りになって、「滅ぼさずにはおかない」とおっしゃりながら同時に、「私は神であり、人ではない」とおっしゃる。神であって人ではないがゆえにどこまでも赦す、とおっしゃる。主は私たちとの信頼関係が壊れることに耐えられない神です。裏切られたときに神らしくなくなる神でいらっしゃいます。しかし、まさにそこでこそ、人ではない神であって、私たちを赦し続け、私たちのために忍耐し続け給うお方、それが私たちの神、主でいらっしゃいます。

# 第13回　罪の連座と千代にわたる恵み

## ——家族の救いのために

### 父の悪を子に報いる神？

十戒は初めに、主が御自ら「私は主である」と名乗られます。次に、主なる神と私たち主の民との関係を定める命令を語りかけてくださいます。「お前にはほかに神があってはならない」「彫像を造ってはならない」。そして、これらの命令を最後に締めくくるように、もう一度主が名乗り給う。

「まことに私こそは主、お前の神、嫉みの神、報いる者。父たちの悪を子たちに向かって、三代目たちに向かって、また四代目たちに向かって、私を憎む者たちには。しかし、一千代にまでまことを行う者、私を愛する者たちには。つまり、私の命令を守る者たちには」。（私訳）

主は御自らを「嫉みの神だ」と仰せになります。主と私たちは夫婦関係のような信頼で結ばれているとおっしゃるのです。主は私たちがこの信頼関係を壊すことに耐えられない神でいらっしゃいます。もし、私たちが十戒の初めに禁じられていることをしてしまうならば、つまり、ほかの神を拝んだり、彫像を造ったりするならば、この信頼関係を壊すのだということです。そういう意味で、主は御自ら「嫉みの神だ」と名乗られます。

それに続いて主は、御自ら明らかにして、「主を憎む人々には悪を報いるものだ」「主を愛する人々にはまことを行う者だ」と仰せになります。これは主が嫉みの神でいらっしゃるということを、違う側面からもう少し具体的に言い直されたものです。主はご自分を憎む者たちには父たちの悪を子たちに報いる。ご自分を愛する者たちには一千代にまでまことを行う。しかし、私たちはすぐにこういうことを問題にします。父の罪を子に報い、三代目、四代目に及ぼすというのはひどいことではないだろうか。先祖が罪を犯したら、その罰を子孫が受けなければならないのだろうか。子孫は、先祖が罪を犯したならば、自分はどんなに正しく生きようとしても、もう先祖の罪だから罰を受けなければならないのだろうか。

こういう問いは、イスラエルのバビロン捕囚の時に問題になりました。イスラエルの国が滅び、主だった人々がバビロンに捕囚として連れ去られました。預言者たちや歴史家たちは言いました。この捕囚の悲劇は、先祖たちが主との契約を破ったからだ、と。しかし、そこで人々は考えます。先祖たちが主との契約を破ったから、今自分たちはこの苦しみを受けている。今さら何をしても自分たちは救われない。こう言って、人々は自暴自棄になりました。国が滅んでしまったのだから、そこで悔い改めて、主に立ち帰って生きるべきであったのに、もう自暴自棄ですから、悔い改めることをしません。なおさら不義や不正を働いたのです。

そこで主は、預言者エゼキエルをお遣わしになって、み言葉を語らせました。エゼキエル書一八章の初めにこういう主のみ言葉が残されています。

「お前たちがイスラエルの地で、このことわざを繰り返し口にしているのはどういうことか。
『先祖が酢いぶどうを食べれば
子孫の歯が浮く』と。
わたしは生きている、と主なる神は言われる。お前たちはイスラエルにおいて、このことわざを二度と口にすることはない。すべての命はわたしのものである。父の命も子の命も、同様にわたしのものである。罪を犯した者、その人が死ぬ。……」。（二―四節）

そのように主は仰せになりました。先祖に罪があっても、お前が自ら顧みて不義不正から離れ、正しいことを行うならば、お前は生きる。もしお前自身が不義不正を行うならば、お前自身が死ぬ。それは先祖のために死ぬのではない。お前の不正のために死ぬのだ。先祖の悪は確かにあるけれども、それは先祖自身に返される。それゆえに、今イスラエルが苦しみの中にあり、死にさらされているのは、今の現実のイスラエル、お前自身の不義によるのだ。

さてそうなると、このエゼキエルの言っていることは、生きるか死ぬかということは、今を生きている私たち自身の責任なのだということになります。けれどもそれでは、先ほどの十戒の「父の罪を子に報いる」ということとはずいぶん話が違うのではないだろうかと考えます。どちらが正しいのでしょうか。

多くの学者がこの問題を考えてきました。ある人はエゼキエルの時代と十戒の時代の違いに注目します。エゼキエルが生きたのは十戒が与えられた時代よりもずっと後の時代で、その間に、個人の責任ということがはっきりと言われるようになったのだと考えます。十戒の時代にはまだ、だれかが罪を犯すと家族全体がその責任を負って罰せられた。こういうものを「連座性」と言いますが、日本でも古い時代はそうでした。家族のだれかが罪を犯すとみんなが引き出されて罰せられるのです。けれどもエゼキエルの時代には、犯罪というのは個人の問題であって、一人の人が行ったことの責任はその人自身が負う、という新しい考え方が出てきたと言うのです。

## 十戒の真意

でも、私は十戒のこの戒めをよく読んでみて、果たして十戒の言っていることとエゼキエルの言っていることはそれほど違うことだろうかと思います。あまり違わないのではないか。十戒では確かに「父の悪を子らと三代目、四代目に報いる」と仰せになります。自分の責任でない罪の責任、結果を子孫たちが負わされるという現実が確かにあるにしても、それだけで終わらない。そこから回復するときに、やはり一人ひとりの責任、悔い改めということが大事なのではないか。そのことを十戒は言っているのではないかと思うのです。

十戒は、主を憎む者たちについて、「父たちの悪を子たちに報いる」と語りますが、そのすぐ後に、「主を愛する者たちには一千代にまでまことを行う」と言うのです。そうであれば、私たちの先祖が悪を行い、主を憎んで、そしてその悪の報いが私たちにもたらされているとしても、今改めてこの私が主を愛するならば、それに対して主は誠実を尽くしてくださるということではないか。しかも一千代に至るまでです。この一千代というのは考えてみたらたいへんなことで、聖書の時代から今日まで、まだ一千代になっていないのではないでしょうか。一千代に至るまで、主は誠実を尽くしてくださる方なのです。

ここで少し学者の言っていることをご紹介しますが、最近の学者の中には、この「一千代」と訳されている言葉に、「代」という言葉が付いていないことに注目する人がいます。ただ「一千」とだけ言われている。確かにそうなのです。「一千に至るまで誠実を尽くす」と主は仰せになります。そしてこの「一千」という言葉は、もともとは数字でなかったというのです。軍隊の部隊とか小隊とか、そういうものを表した言葉なのだと説明します。それで、「一千」というのは一つの氏族を表しているのではないか、というのです。

そうすると、主が悪を報いるのは、三代目、四代目――つまりひ孫まで――ですね。一つの大家族を考えると、父親からそのひ孫までの四代が同居しているということはあり得るわけで、そういう大家族を表している。一人の人が悪を行うならば、それはその大家族全体に結果がもたらされる。

一千というのも一つの氏族、大家族だと考える。そうすると三代、四代というのも、一千というのも同じものを指しているのではないか、一つの大家族ということではないか、と学者たちは主張します。そうならば話としては確かに調和が取れています。でも、どちらが本当なのでしょう。

この十戒の言葉は、ユダヤの人たちも、キリストを信じる教会も、代々にわたって、これをただの大家族とは読まずに「一千代」と読んできました。悪を報いるのは三代、四代までだということに対して、主が誠実を尽くされるのは一千代だ、と。考え付かないほどのアンバランスがあります。でも、ユダヤの人たちやキリストを信じる教会の代々の信仰者たちにしてみれば、これはただの誇張ではなくて、本当にそうなのだということを、二千年あるいは四千年にわたって経験してきたわけです。主が誠実を尽くすのは、ただの大家族全体ということではない。まさに一千代にわたって誠実を尽くされるのだという主の恵みのリアリティを、信仰者が体験してきたのです。ですから、この言葉がもともとどういう意味を持っていたかについては学者が言う通りであるかもしれないけれども、どちらの読み方が本当かということになると、主の恵みのリアリティということを考えたら、「一千代」と読むのがやはり本当なのだと思います。

## 家族の現実

さて話を本題に戻しますが、一方では「父の悪を子に報いて三、四代に及ぼす」とおっしゃいます。もう一方で「主を愛する者たちには、主は一千代にまでまことを行う」と言うわけです。これは最初から申しますように、ちょっとひどい話のように思いますけれども、信仰生活の問題として考えてみると、これは現実として、本当にそうだと思います。ここで問題になっている悪というのは、その人が人間として行ったことの良い・悪いではありません。私たち人間は、神さまがいようがいまいが、行うべき良いことと悪いこととがあります。けれども、今この十戒が問題にしているのは、そういう人間としての善い行い・悪い行いのことではありません。

問題になっているのは、主との関係です。「主を憎む者は」と言われています。「主を憎む者には、主はその父の悪を子に向かって報いる」と。「主を憎む者」とは、主との信頼関係を拒絶する人のことです。大きな家族の中の一人、特にその家の父親が主との関係を断ち切ってしまうならば、その影響は家族全体に及びます。主なる神と関係のない家族が形作られていきます。私たちの間でもよく起こることです。ですから、主を憎む者について父たちの悪を子たちに向かって三代目、四代目まで報いるというのは、なるほど現実にそうだと思わずにはいられません。けれども、続いて主は仰せになります。そういう家族の中であっても、一人の人が主を愛するならば――一人の人が主との信頼関係に入ったら――、一千代にまで主はまことを尽くす。

伝道者パウロがフィリピで獄につながれたとき、み言葉の奇跡が起こって獄屋番が信仰に入ります。そのときパウロは言いました。使徒言行録一六章三一節です。

「主イエスを信じなさい。そうすれば、あなたも家族も救われます」。

主イエスを信じて洗礼を受け、救われる。しかし同時に、――このときは家族も一緒に洗礼を受けましたが――私たちの家族がまだ洗礼に至っていない場合でも、必ずやその時が来る。あなたの家族もそこへ招かれている。そういうふうにパウロは主の約束を伝えました。

私たちの中には、自分だけが教会に行っていて、家族が教会に来ないという方もおられるでしょう。けれども、私たちが信仰を得るときに、私たちを救ってくださった主に、家族をも委ねてよいのです。「主を愛する者には、主がまことを尽くして一千代に及ぶ」。ここにあるのは、もはや私たちが主を愛するという、私たちの熱心さではありません。主が私たちに尽くしてくださる誠実さです。それは、悪の報いにはまったく比べようもないアンバランスな恵みです。この私に誠実であろうとする主が、私の家族をお見捨てになろうはずがないでしょう。たとえ私が主のご誠実にふさわしい誠実を尽くせなかったとしても、それが主の側の誠実を無にすることはできません。主の誠実は、私たちの不誠実よりも、比べようもなく強い。

そうであれば、十戒において問われるのは、この私が、主のみ前で、主を愛し、主の命じ給うことに自分をお委ねするかどうか、ということです。ここで私たちが、私たちの家族をも含めてすべてを主にお委ねするならば、私たちの先祖が何であったかにもかかわらず、この私に主御自ら誠実であってくださいますし、私たちに続く一千代に至るまで、私たちの家族に対しても、主は誠実を尽くしてくださいます。

## 第14回　主の名を虚しいことのために唱えてはならない

——主をわが物にする罪

### 「みだりに」の意味

十戒は私たちにこのように命じます。

「お前は唱えてはならない。主、お前の神の名を、虚しいことのために。まことに主は罰せずにはおかない。その名を虚しいことのために唱える者を」。（私訳）

「お前の神である主の名を虚しいことのために唱えてはならない」と命じられています。日本語の聖書ではだいたい、文語訳聖書以来、「お前の神、主の名をみだりに唱えてはならない」と訳され、また覚えられてきました。

では、「みだりに」とはどういうことでしょうか。私が子どもの頃、バスに乗りますと必ず車内の目立つところに何箇条かの注意書きがあって、その中に「運転手にみだりに話しかけぬこと」と書いてありました。最近、そういう注意書きをあまり見ないような気がします。常識になってしまったのか、あるいは今では運転手さんが車掌さんを兼ねるようになりましたから、乗客と話さないわけにいかないということでしょうか。いずれにせよ、私の子どもの頃は、「みだりに」という言葉は日常の中で目にし、耳にする言葉でした。しかも、わざわざ辞書を引かなくても、「運転手にみだりに話しかけぬこと」という文そのものから、「みだりに」という言葉の意味が分かりました。つまり、「必要がないのに」とか「許可なしに」という意味です。辞書で確かめてみましたけれども、これで間違いはありません。つまりは安全運転の邪魔をしてはいけないということなのだと、子どもでもそう納得していたのです。

そうすると、十戒の「主のみ名をみだりに唱えてはならない」というのは、「必要もなく」あるいは「許可もなく」「秩序を乱して」「むやみやたらと」主の名を口にしてはならないという意味になるのでしょうか。しかし、そうなると多くの祈りに熱心なキリスト者たちは悩むのです。実際、十戒の学びをしておりますと、この戒めを知った人たちから、それでは私たちの祈りはどうなのだろうと聞かれることがよくあります。一日何回も主の名を口にする。いや、一回の祈りの中で何度も主の名を呼ぶけれども、あれはいけないことなのだろうか。そういう質問をよく受けます。

主イエス御自ら、山上の説教の中で、主の祈りをお教えくださるにあたって、こう仰せになりました。マタイによる福音書六章七節です。

「また、あなたがたが祈るときは、異邦人のようにくどくどと述べてはならない。異邦人は、言葉数が多ければ、聞き入れられると思い込んでいる」。

これは、主が祈りの願いを述べる言葉数が多いことを指摘なさった箇所です。こういうふうに言われると、私たちは祈りの中で、何だか合の手のようにして「主よ、主よ」と言っているかもしれない、これはいけないのだろうか、という気になってきます。その山上の説教の終わりの方では、今度は直接、主イエスが主の名を呼ぶことについてもっと厳しい警告をなさいます。七章二一節からです。

「わたしに向かって、『主よ、主よ』と言う者が皆、天の国に入るわけではない。わたしの天の父の御心を行う者だけが入るのである。かの日には、大勢の者がわたしに、『主よ、主よ、わたしたちは御名によって預言し、御名によって悪霊を追い出し、御名によって奇跡をいろいろ行ったではありませんか』と言うであろう。そのとき、わたしはきっぱりとこう言おう。『あなたたちのことは全然知らない。不法を働く者ども、わたしから離れ去れ』」。

恐ろしい言葉です。み名によって預言し、悪霊を追い出し、奇跡を行っても、「主よ、主よ」と言っていてもだめなのだ。そうするといよいよ私たちの日々の祈りは、これは失格かなと思ってしまいます。けれども多くの牧師さん方はお答えになるでしょう。いや、熱心な祈りはみだりに主の名を唱えることにはなりませんよ、と。私もそう答えます。

主イエスもルカによる福音書で主の祈りをお教えになったときには、熱心に祈ることをお勧めになりました。ルカによる福音書一一章で、主の祈りに続いて譬え話をなさっています。真夜中に突然友人が訪ねてきて、食べさせるパンがない。隣の友人の家に行って、パンを貸してくれと頼む。隣の友人は言うのです。もう夜で戸を閉じて寝てしまった。子どもたちだってもう寝ている。わざわざ起きてパンをやるわけにはいかない。しかし、執拗に、熱心に頼めば、起きてきて与えてくれるだろう。聞きようによってはずいぶん辛辣なお言葉です。似たような話は、ルカによる福音書一八章に、不正な裁判官の譬え話でも語られています。

## 「虚しいことのために」

さて、熱心にしつこく祈ることは許されている。それならは、「みだりに主の名を唱える」とはどういうことでしょうか。私は最初にこの戒めを訳しましたけれども、「みだりに」という言葉を用いず、「虚しいことのために」と訳しました。これだと、たびたび主の名を唱えることがいけないのではなくて、主の名を唱えるときの目的が問題だということになります。目的が悪ければ、一回でも唱えてはならない。そういうことになります。

それでは、「虚しいこと」とは何でしょうか。これもいろいろな学者の意見がありますけれども、一つ考えられるのは、裁判での偽証の問題です。同じ十戒の後の方に、「隣人について偽証してはならない」という戒めが出てきます。「隣人について偽証人として裁判で答えてはならない」という表現です。

偽証人というのは、出エジプト記に残されている十戒と申命記の伝える十戒でちょっと言葉が違います。出エジプト記の十戒では、普通こういう事柄に用いられる「偽りの証人」という言葉を使います。「偽りの証人として答えてはならない」。申命記の十戒では、わざわざ今私たちが問題にしている「虚しい」という言葉を偽証について用います。「虚しい証人になってはならない」という言い方をします。これは明らかに、裁判での証言を問題にしています。裁判の証言では、「主の名を挙げて真実を証言します」と誓うわけです。そのように主の名を挙げておいて、偽りを証言してはならない。それは主の名を汚すことであるから。

先ほど、「主の名を挙げて誓う」という言い方をしました。十戒の「お前は主の名を唱えてはならない。虚しいことのために」という時の「唱える」というのは、ヘブライ語のもともとの意味は「持ち上げる」とか「挙げる」という言葉です。私たちが祈りや信仰告白で主の名を呼ぶのには、「呼び求める」とか「声を出して呼ぶ」という言葉を使います。あるいは祈りの中で主に向かって助けを求める場合があります。これは「叫ぶ」という言葉を使います。「挙げる」という言葉とは違うのです。ですからおそらく、そういう言葉の面から言っても、祈りにおいて熱心に主を呼ぶ、主に叫ぶということと、ここで「虚しいことのために主の名を挙げてはならない」というのは、違うことなのだと言えると思います。

さて、この「虚しい」という言葉のことでもう一つ考えられることがあります。それは魔術とか占いです。魔術や占いも申命記一八章やそのほかの箇所で厳しく禁じられています。魔術や占いは、やはり主の名を挙げて、主のみ前にふさわしくない、いかがわしい不思議を行おうとするものです。これも主の名を汚すことでしょう。そもそも私たちが主の名を唱えるということは、本当は主の名を唱えることによって、主のみ前に立たされる者になる、ということです。主のみ前に恐れをもって立つ者となるのです。主はそのお名前の中に臨在しておられます。私たちがそのお名前を唱えるならば、主御自らがそこに臨んでいてくださる。主が主としてここにいてくださって、私たちはそのみ前に出ているわけで、み前に出たら私たちは恐れるほかありません。恐れて悔い改めるほかない。私たちのあり方は変わらざるを得ない。主の前に悔い改めて立つのです。

## 主の名の濫用

ところが、「虚しいことのために主の名を唱える」というのは、そういうこととは関係が違います。主の尊いお名前を自分のために、しかも自分の悪事のために自由に使おうとすることです。主のお名前を唱えて、そこに主がお出でになることを信じて、恐れてひれ伏すのではない。主の名をわざわざ唱えて、その主の名に現された力をわが物にしようとする。その名によって真実を証言しなければならないときに、その名を隠れ蓑にして嘘を言う。主の名前をわが物として悪用するということなのです。

十戒の少し前のところで私たちは、主を礼拝するのに像を造って、それを拝んではならないと命じられました。像を造ってそれで礼拝するとはどういうことか。主を自分のご利益に合わせて、自分の思い通りの姿に描いて、そうやって自分の思い通りの主を拝む。これが像を造って拝むことの問題です。主の像を持つということは、つまり主をわが物にしてしまうことでしょう。主の像と主の名は似たところがあります。お名前はかたちを持ちませんけれども、やはり主の名が唱えられるところには主御自らがそこに現れているわけです。像を造る人が、その像に主が現れておられるのだと主張するのと一緒です。そして、主の名を私の望みのために自由に使ってしまうということも、私たちが像をもって自分のイメージ通りに主を使うということと同じ罪があるわけです。主をわが物にしてしまうという罪です。

「主の名をみだりに唱えてはならない」と言われて、私たちの祈りは大丈夫かと不安になりました。祈りとは、主を自分の思い通りに動かすためのものではありません。もちろん祈りというのは、私たちそれぞれの願いを率直に申し述べてよいのです。しかし、祈りの中で私たちは、自分の願いの実現のために主の名を唱えるわけではありません。祈りによって私たちが主を用いるのでない。そうではなくて、私たちが主のみ名を呼ぶときには、ただただ主にすがって、そして主のみ心が行われることを待つのです。私たちは主のみ心がなるように主のみ名を呼びます。そして、主のみ心がなるように主のみ名によって祈ります。祈りの結果、私たちの願いがそのままかなうこともあれば、それが拒絶されることもある。そこで行われているのは主のみ心です。主が私たちを用いてみ心を行ってくださる。私たちが祈っていたときに、その祈りが聞かれたり拒絶されたりしたときに、主のみ心が分かります。

主イエスは山上の説教の終わりにとても厳しいことをおっしゃった。

「わたしに向かって、『主よ、主よ』と言う者が皆、天の国に入るわけではない。わたしの天の父の御心を行う者だけが入るのである」。

主の名によって預言したり、悪霊を追い出したり、奇跡を行ったりしても、父のみ心を行わなかった人たちは、結局それは主の名を唱えてはいながらもそれを自分のために使っていたのである。主のみ心のために預言したのではない。主の名を唱えたけれども、主のみ心が行われるために悪霊を追い出したのではない。主のみ心として奇跡を行ったのではない。ただ自分を表すために預言をし、崇められるために悪霊を追い出し、そして、自らの力を示そうとして奇跡を行った。それはどんなに主の名を使っても、主のみ心とは違うことです。

主は山上の説教の終わりの方で、偽物に気をつけるようにと繰り返し仰せになりました。「主よ、主よ」と口にしていても、父なる神のみ心をこの地上で実現するために主の名を唱えているのではない。そういう偽物がいると言うのです。そうであってはならない。「わたしの天の父の御心を行う者だけが入る」と主は仰せになりました。それは、主が私たちにそのように祈りなさいとおっしゃった主の名による祈りがそうであるように、祈りにおいて、主のみ心が私たちの間で実を結び、主の名によってみ心が行われるところに、私たちの幸いがあります。そういう祈りを私たちは勧められています。主のみ心がなるための祈りは、どれほど熱心に祈られても、それは名をみだりに唱えたことにはならない。そうではなく、まさにそのために主の名は繰り返し唱えられ呼び求められるべきものでありましょう。そういう意味で、主が私たちのものなのではなくて、私たちが主のものである。そういう祈りにおける私たちと主との関係を、もう一度確認したいと思います。

# 第15回　シャッバート　その1

## ――シャッバートとは何か　聖なる場所と聖なる時

### 十戒の中心

今回から三回にわたって安息日のお話をいたします。「あんそくにち」あるいは「あんそくび」と読んだりしますけれども、私は以前から「あんそくにち」と言い続けてきましたので、まずはそのように申しておきます。これを三回お話しします。そのあと「父母を敬え」という命令を学んで、さらにもう一回「父母を敬え」という命令と結び付けて安息日のことを考えます。そんなに何度も安息日の話をするのかと思われるかもしれませんが、安息日というのは十戒の中でもそれだけ重要なものなのです。十戒は最初に、主なる神と私たちとの関係を定めます。「ほかの神があってはならない」「彫像を造ってはならない」と続きます。確かに、私たちの信仰における主なる神に対する私たちの誠実な関係が第一に言われなければなりません。

しかしその上で、十個ある戒めに一つの中心点があるのです。その中心が安息日です。十の戒めを並べて眺めると、安息日の戒めがちょうど真ん中に位置しています。この戒めには戒めを守る理由とか意味の説明がついていて、全体としては一番長い戒めです。真ん中に一番長い戒めがある。そういう形式から言っても、十戒の中心は安息日だと言えるのです。その長い説明の中に奴隷のことが出てきて、申命記ですと出エジプトを記念するという意味が書かれてあります。十戒の最初に主御自らお名前を名乗られて、「お前をエジプトの地から、奴隷の家から導き出した」とおっしゃる。そのことも安息日の戒めは思い起こしているわけで、そうなるといよいよこの戒めが大事な位置を占めているということが分かります。

さて、安息日はヘブライ語で「シャッバート」といいます。実はこの「シャッバート」という言葉は、たぶん初めに十戒を聞いたイスラエルの人たちも、それを聞いただけでは何のことだかおそらく分からなかったはずです。この言葉は、イスラエルの人たちにとっても説明を必要とする言葉であったはずです。日本語で「安息日」と訳しましたけれども、それはこの戒めについている説明から考えられた訳語で、日本語で「安息日」と言うとかえってそれだけで意味が分かってしまいますから、あとの説明はあまりきちんと読まないことになりかねません。しかし、もともとこの十戒はシャッバートと言って、その中身をきちんと説明されて、そこからこの日の意味をしっかりと覚え学ぶということが必要なものなのです。

## シャッバートの意味

それで今日は、これからこの戒めを読んでみますけれども、わざとシャッバートとヘブライ語のまま読みます。皆さまはお手元に新共同訳や新改訳、あるいは昔の口語訳の聖書をお持ちかもしれませんが、今日は私が訳してみて、それを読みます。少し大事だと思われるところを強調することができると思います。出エジプト記二〇章が伝える十戒のシャッバートの記事と申命記五章が伝える十戒のシャッバートの記事を両方読みます。というのは、実は出エジプト記と申命記の十戒の間でシャッバートの戒めが少し違うのです。まずは出エジプト記二〇章八節から一一節までです。

「思い出すこと、シャッバートを。それを聖とするように。六日間、お前は働いてしなければならない、いずれの仕事も。しかし、七日目はシャッバート、主、お前の神の。お前はしてはならない、いずれの仕事も。お前も、お前の息子やお前の娘も、お前の僕やお前のはしためも、お前の家畜も、お前の門にいるお前の寄留者も。まことに六日間、主は天を、そして地を、海を、またそれらの中にあらゆるものを造り、そして、休まれた、七日目に。このことのゆえに主はシャッバートの日を祝福し、聖とされたのである」。（私訳）

ポイントは、シャッバートを思い出すようにと言われていることです。「思い出しなさい」という命令です。日本語で「部屋に入ったら扉を閉めること」といえば命令です。それと同じ言い方です。

次に、申命記五章一二節から一五節までです。

「守ること、シャッバートを。それを聖とするように。主、お前の神が、お前に命じ給うたように。六日間お前は働いてしなければならない、いずれの仕事も。しかし、七日目はシャッバート、主、お前の神の。お前はしてはならない、いずれの仕事も。お前も、お前の息子やお前の娘も、お前の僕やお前のはしためも、お前の牛も、お前のろばも、すべてお前の家畜も、お前の門にいるお前の寄留者も。そうすれば休むであろう。お前の僕とお前のはしためも、お前と同じく。こうしてお前は思い出さなければならない。お前はエジプトの地で奴隷であった。しかし、主、お前の神が、お前をそこから導き出された、力ある手と伸ばされた腕とをもって。このことのゆえに、主、お前の神はお前に命じ給う、シャッバートの日を行うように」。

（私訳）

シャッバートを守る意味が、出エジプト記と申命記で違います。出エジプト記が伝える十戒では、シャッバートを守るのは、主が天地と海、それらの中にあるあらゆるものをお造りになって、六日間その仕事をなさり、七日目に休まれたことによります。主は六日間で天地を造って、七日目に休み、それを聖とされた。だからお前もシャッバートを思い出して、それを聖としなさい。けれども、申命記の方では、それは出エジプトの記念です。お前はエジプトで奴隷だった。主が力ある手と伸ばされた腕とをもって、つまり奇跡をもってお前をエジプトから導き出してくださった。だから、お前にシャッバートの日を行うように命じ給うたのだ。その日には、お前もお前の僕もお前のはしためも同じように休め、というのです。これが申命記の十戒が伝える強調点です。

このシャッバートを守る意味については、次回お話しします。今日はシャッバートとはつまり何のことであるのかを考えてみましょう。出エジプト記はこう伝えます。

「思い出すこと、シャッバートを。それを聖とするように。六日間、お前は働いてしなければならない、いずれの仕事も。しかし、七日目はシャッバート、主、お前の神の。お前はしてはならない、いずれの仕事も」。（私訳）

お前は働いて、いずれの仕事もその六日間に一所懸命しなければならない。それに対して七日目は、これは主なる神、お前の神である主のシャッバートであって、お前はいずれの仕事もしてはならない、と言うのです。六日働いて、七日目に仕事を休む、あるいはやめる。その七日目をシャッバートと呼びます。

## 禁令でなく、命令であるのはなぜか

十戒を続けて読んでいきますと、なぜここだけ「シャッバートを思い出せ」「シャッバートを守れ」と言うのか、よく考えてみなければならないと思います。六日間あなたの仕事を行い、七日目には仕事をやめなければならないと命じるならば、前後のほかの命令とよく似た禁令になります。あるいはほかの戒めは、「父母を敬え」というもの以外は、「～をしてはならない」という禁止ですから、「七日目には仕事をしてはならない」と命じれば形が揃うわけです。なぜそうしないのでしょう。

「七日目には仕事をやめなければならない」という命令は、実は聖書のほかの箇所にも出てきます。この出エジプト記の十戒のすぐ後に、二〇章の終わりからいろいろな規則が出てきます。その中の二三章一二節を見ます。

あなたは六日の間、あなたの仕事を行い、七日目には、仕事をやめねばならない。それは、あなたの牛やろばが休み、女奴隷の子や寄留者が元気を回復するためである。

「七日目には、仕事をやめねばならない」という規則が書かれています。十戒もそう言えばいいのに、なぜ「シャッバートを思い出せ」と言うのでしょうか。実はその次の「父母を敬え」というのも、出エジプト記二一章の一五節や一七節を見ますと、「父母を呪う者は必ず殺されなければならない」「父と母を打つ者は必ず殺されなければならない」というふうに言われていて、十戒の形に則して言えば、たとえば「父母を呪ってはならない」とか「父母を打ってはならない」と言えば、むしろ前後の戒めと形が揃うのです。でも、この二つの戒めは、ほかと違う形を持っているわけです。

なぜでしょうか。なぜシャッバートという説明が必要な言葉で一つの日を名付け、そして「その日を思い出せ」「その日を守れ」という言い方をしたのでしょうか。これはおそらく特定の日――実際は土曜日、もう少し詳しく言うと金曜日の日没から土曜日の日没まで――をシャッバートと名付けて、シャッバートという一つの日を造り出した、ということです。つまり、六日働いて七日目は休み、というだけではない。あるいは、何曜日でもいいからとにかく七日のうちの一日を休みなさい、ということでもない。特定の日をわざわざシャッバートと名付けて、特別な日を造り出したのです。

イスラエルの民の中にその日に休まない人がいたとしても、イスラエルにとってこの日は休みの日です。この日を休むのがイスラエルだと言える。もしも六日働いて、七日目には休みなさいというだけだったら、これは何曜日に休んでもいい、あるいは現実にその日に休む人が少なければ、もうその戒めはそれだけで意味を失ってしまいます。しかし、そうではない。七日目をシャッバートと名付けて――個々の人がそれをきちんと守るかどうかはともかく――、とにかくイスラエルにとってこの日は休みの日なのだ、という戒めなのです。しかもこのシャッバートは、「お前の神である主のシャッバートだ」と言われています。わざわざシャッバートという日を造り出して、「その日は主のものだ」と言っています。そして「その日を思い出せ」と言われます。出エジプト記の十戒は、「シャッバートを思い出せ」と命じるのです。申命記のように「シャッバートを守れ」というのなら分かりよいのですが、「思い出せ」というのはどういう意味でしょう。

## 「思い出す」とはどういうことか

ユダヤ教の学者はこういうふうに説明します。十戒が告げられるよりも前に実はシャッバートは定められていた。出エジプト記一六章に、シナイに辿り着く前に、荒野をさまよい、イスラエルに食べ物がないときに、神は天からマナを降らせて、イスラエルの人たちにそれを集めさせた。六日間集めて、七日目には集めてはならない、と主は仰せになります。六日目には二倍集めなさい。七日目は、六日目に集めた二日分のものの半分で暮らして、集めてはならない。まさにシャッバートをお命じになったのです。そのことを思い出せ、と言われているのだと理解することができる。

けれども出エジプト記の歴史、そしてそこに記されている言葉をよく読んでみますと、「思い出す」という言葉はとても大切です。主がイスラエルを思い出してくださる。エジプトで苦悩のうちにあるイスラエルが主に叫ぶ。その叫び声を聞いて、主はご自分の民を思い出された。これは、決して主がそれまでは忘れていたという意味ではありません。主が思い出してくださって、イスラエルは主との関係を回復していきます。つまり、「思い出す」というのは、主なる神とイスラエルの関係が回復していくときに使われる言葉なのです。

十戒が伝えられているのは出エジプト記二〇章ですが、この章の終わりに、主のための祭壇の規定があります。そして、主はそこで約束してくださいます。

わたしの名の唱えられるすべての場所で、わたしはあなたに臨み、あなたを祝福する。

（二四節）

この「唱える」という言葉の語源は、実は「思い出す」という言葉と同じです。「思い出させる」というような言葉です。これは、私たちが考える「思い出す」という意味ではなくて、私たちの日本語の聖書で訳されている通り、「口に唱える」ことを言います。主の名が唱えられるところ、主の名が思い出されるところに、主が臨んでくださいます。そこが主と出会える場所になるというこことです。主の祭壇を築いて、その場所で主の名を唱えるならば、そこに主がいてくださる。

それと同じように、主に属する日、主に属する時間というものがあるということなのです。主に属する日というものがあって、それを思い出し、その日に自分の仕事をやめて、主の時間の中を歩む。私の仕事を返上して、主のわざをその時間の中で経験する。そういうふうにして、私たちは主の祭壇で主の名をお呼びする。それと同じように主の日を過ごす。主を覚えて過ごすことによって主との出会いを経験する。ですから、安息日と言いますけれども、それは七日に一度休みなさいという勧めではありません。何曜日でもよいのでもありません。この日にこそ、私たちは主を覚え、主と出会うことを体験するのです。

# 第16回　シャッバート　その2
## ――解放の追体験と天地創造のリズムの回復

### 特別な日

私たちは時間の中を生きています。その時間というものを考えてみるときに、私たちには自分にとって特別な時間があることに気付きます。もちろん時間は毎日同じように過ぎ去ります。一日一日は、時間ということだけを見ればどれも同じで、その中に特別なものがあるようには見えません。ただ、自分にとって特別な日があるはずです。

聖書は、だれにとっても特別な日、主なる神に属する日というものがあると教えています。もちろん世の中には主に属する日を知っている人と知らない人がいますし、知らない人にとってその日は特別でも何でもないでしょう。けれども、私たち人間がそれを知っていようと、知っていまいと、その日が主なる神の特別な日であるという事実は変わりませんし、だれでもその日のことを一旦知ったならば、私たちが自分でその日を特別な記念日にしなくても、すべての人にとっての特別な日になります。だれにとっても特別な日、主に属する日というのは、そういう日です。一人の人が勝手に造り出す日ではありませんし、国が定める国民の祝日というのとも違います。主のみわざを知り、主を信じる者にとって、それは世界のだれにとっても特別な日なのです。その日を主に属するものとして思い出し、その日に自分の仕事をやめて、主の時間の中を歩みます。そのように歩んだときに、私たちはその時間の中で主との出会いを経験します。

その特別な日は、本来でいえば土曜日です。少し正確に言うと、聖書の世界では一日が日没から始まりますので、金曜日の夕方の日没から土曜日の日没までです。この一日をシャッバートとして覚えます。これは、元気に仕事をするために七日に一度休む日ではありません。ですから何曜日でもよいわけではありません。週のうちのこの日にこそ主と出会う、という日です。

でも、主に出会うというのは一週間に一日だけなのでしょうか。毎日は出会ってくださらないのでしょうか。ふだんは神さまなしに歩み、その日だけ神さまにお目にかかりに行くのでしょうか。現代の私たちの生活の実情はそうかもしれません。主がそばにいるということが分からない時間を私たちはいつも過ごしています。そして、安息日を特に覚える。そのことで主とのつながりをもう一度発見しているのだと思います。しかし、主がそういう日をお定めになったのは、私たち人間の現実がそうだから、主の日にだけ礼拝に来ればよいと妥協なさったというわけではありません。主はもちろん毎日私たちの近くにいてくださいます。安息日でなくても、私たちがふと歩みを留めて、主を呼び求めるならば、そして主がその出会いを必要であるとご覧になれば、何曜日であっても主は私たちと出会ってくださいます。これもまた私たちの実際の体験の中にあることでしょう。

## 恵みを共有する日

けれども、そうであるにもかかわらず、特別の日が定められているのには意味があります。私たちが主との出会いの恵みを共有するということがその日に起こります。個人的な出会いの体験は何曜日でもあり得る。けれども、そういう個人的な出会いの体験ではなくて、みんなで共に主のみ前に出る日。それは特別な日を定めて、約束して集まらなければできません。そうやって集まって、一緒に主のみ前に出るということはとても大事なことなのです。主のみ前に共に出て、主のみわざにみんなで共に「アーメン」と言える日。個人の心の平安だけではなくて、信じる者たちが共に一人なる主のみ前に立って、そこに平和が実現する日。世界に唯一の主であるお方に属する世界中の人が、主のみ前に集まって、平和のうちに入れられる日。そういう日を主はお定めになりました。毎日がそういうふうになるわけではありません。この世ではみんなが一つになれるのは毎日というわけにはいきません。でもそのようになる日を、主はわざわざ定めて、ご自分に属する日としてくださいました。その日は私たち人間のだれのものでもない。だれかのためにあるのでもない。主のものです。主のためにある日です。

このシャッバートという特別な日を主が定めてくださって、それを私たちが守ることを命じられているわけですけれども、その日を守ると私たちはどうなるのか。その日を守ることにどういう内容が含まれているのか。主のみわざにみんなで「アーメン」と言える日だと申しましたけれども、どういう主のみわざを思い出し、「アーメン」と言うのか。そのことを私たちは知らなければなりません。そして、十戒にはきちんとその意味が明らかにされています。ただし、シャッバートを思い出し、守る意味は、出エジプト記が伝えていることと申命記が伝えていることで少し違います。二つの意味が伝えられているということもまた私たちにとって大事なことです。

### 安息日の二つの意味

まず、出エジプト記二〇章一一節です。ここではこのように教えられています。

「まことに六日間、主は天を、そして地を、海を、またそれらの中にあらゆるものを造り、そして、休まれた、七日目に。このことのゆえに主はシャッバートの日を祝福し、聖とされたのである」。（私訳）

出エジプト記では、シャーバットを思い出すのは、主なる神の天地創造のみわざを覚えるためだと教えています。

これに対して申命記五章一五節では、このように言っています。

「こうしてお前は思い出さなければならない。お前はエジプトの地で奴隷であった。しかし、主、お前の神が、お前をそこから導き出された、力ある手と伸ばされた腕とをもって。このことのゆえに、主、お前の神はお前に命じ給う、シャッバートの日を行うように」。（私訳）

シャッバートを守る理由は、申命記の方では出エジプトの解放の記念です。一方、出エジプト記の方では天地創造の記念です。十戒が聖書の二か所に伝えられていて、安息日についてはそれを守る意味についても二つ伝えられている。これは事柄としてはちょっと複雑で、私たちは一つの安息日について、その理由を両方覚えるということは案外難しいかもしれない。けれども、この二つのことを考えてみるときに大事なことは、どちらも今日イスラエルがイスラエルとして存在しているその根拠となっている出来事を記念しているということです。

申命記に記されている出エジプトの記念というのは、まさにイスラエルという民の創立記念日だと言ってよい出来事です。イスラエルというのは、主に導かれてエジプトの地から、奴隷の家から脱出してきた人のことです。これがイスラエルの定義です。十戒は、その初めに主が御自らお名前を名乗られますが、そこで御自らのことを、「お前をエジプトの地から、奴隷の家から導き出した者だ」とおっしゃいます。そして驚くべきことに、神御自らがその出来事をもってご自分を定義なさるのです。神さまには神さまであるということのほかに定義は必要ないはずなのに、「イスラエルをエジプトから導き出した、その神だ」とご自分を現し給うのです。その出来事によって、神は神であり、イスラエルはイスラエルだ。そのことを記念するのが安息日だと言うのです。私たちは何者なのか。今の私たちはどうしてこのようにして生きているのか。そのことを安息日に覚える。そのときに、主なる神のみ前にいるのです。

出エジプト記の方は、天地創造を記念します。これもまさに、今イスラエルがイスラエルとして体験すべきことをおっしゃっているのです。主なる神は天地をお造りになって、六日目に人をご自分のかたちに似せてお造りになりました。そして、御自らがお造りになった天地の中に人を置かれました。人が神のかたちに、神に似せて造られたというのはどういう意味なのか。いろいろな意味を考えることができますし、古来、教会の学者たちはいろいろなことを考えてきましたけれども、その中で一つ確実なことは、神が御自らのかたちに似せて人をお造りになったということに人の存在理由、人の使命というものが表されているということです。神のかたち、神に似せて造られたというのは、神御自らがこの世界になし給うみわざを代理するということです。この天地を主なる神のために管理するという使命が人に与えられています。主は六日間働いて、七日目にみわざを完成して、安息なさいました。私たちは同じことができるわけではありません。しかし、その時間の中で、私たちもそのように生活してみる。神さまから与えられた仕事を六日間行い、七日目に休む。そのような生活の中で、私たちは神の天地創造のみわざのほんの一端を代理させていただく。そのみわざのほんの一端ではあるけれども、その一端に参与させていただける。そのようにして、今も続いている神の天地創造のみわざを体験させていただける。

六日働いて七日目に休む。その全体で神のみわざにあずからせていただきますが、特に、七日目に特別の日として休むときに、神のみわざの完成に私たちもあずかることができるというのです。私たち一人ひとりのわざは、それがいかに神のみわざの代理をさせていただくことであるにしても、完成はありません。一人でできることには限りがありますし、いずれ仕事の途中であっても死ななければなりません。しかし、神のみわざには完成があります。私たちは神の完全なみわざのほんの一部だけを担わせていただくのですけれども、シャッバートを覚えるときに、そこで神のみわざの完成を自分のこととして喜ぶことが許されています。私たちは限りある者であっても、神が六日働いて七日目に休み、ご自分のみわざの完成を祝われたように、私たちが七日目を覚えて休むときに、その完全なる神のみわざの一端につながれている、連なることが許されています。

## キリスト者にとっての安息日

さて、安息日の意味について、もう一つだけ申し上げておきたいと思います。それは、安息日というのは何曜日でもいいわけではないということです。主が選ばれた特別な日に、私たちは自分の仕事をやめ、主の時間の中を生きるのです。

キリスト者にとっての安息日は土曜日ではありません。私たちキリスト者にとって、神のみわざの完成はイエス・キリストの中にあります。イエス・キリストが復活なさったときに、神の天地創造のみわざは新しくされました。更新されたのです。イエス・キリストが私たちのために犠牲になってくださったことによって、まことの出エジプトが私たちの中で起こったのです。週のうちの一日にみんなで共に神と出会う、ということを申しました。それが安息日だ、と。イエス・キリストが復活なさって以来、私たちが主に共にお目にかかる日は、主の復活の日、すなわち日曜日になりました。土曜日、すなわち古い安息日が明けた週の初めの日、日曜日の朝に、主は復活なさり、その日に弟子たちに出会ってくださいました。そこから毎週日曜日に私たちは主の日を祝い、主の安息を覚えるのです。

最初の主の復活の日にほかの仲間たちと一緒にいなかったトマスが、主の復活を疑いました。復活なさったのならすぐに現れてくだされればよいのに、次の日曜日の、やはり弟子たちが集まっているところに主は現れなさいました。トマスにもそのときにお会いになりました。復活の主はもちろん毎日共にいてくださいます。でも、復活の主のみわざに弟子たちが連なり、みんなが一つになって主のみわざの完成にあずかる日、イエス・キリストのみ体に現されている完成にあずかる日があるのです。天地の創造が新しくされ、出エジプトが完成する日です。それを私たちは主の復活の記念日に守っています。安息日にも歴史があります。けれども、その日に私たちが休むということによって、主なる神のみわざ、特にその完成を共に祝わせていただけるということを覚えたいと思います。

# 第17回　シャッバート　その3
## ――家族で守る聖日



### 安息日を守るべき人々

安息日＝シャッバートの命令を私たちは聞いています。十戒の安息日の命令の中に、この命令を守るべき人たちが並べられています。まず、出エジプト記二〇章一〇節では、このように教えられています。

「お前も、お前の息子やお前の娘も、お前の僕やお前のはしためも、お前の家畜も、お前の門にいるお前の寄留者も」。（私訳）

一方で、申命記五章一四節ではこのように教えられています。内容はほぼ同じですが、ニュアンスが少し違います。

「お前も、お前の息子やお前の娘も、お前の僕やお前のはしためも、お前の牛も、お前のろばも、すべてお前の家畜も、お前の門にいるお前の寄留者も。そうすれば休むであろう、お前の僕とお前のはしためも、お前と同じく……」。（私訳）

申命記では、家畜について「牛」と「ろば」という具体的な名前を挙げています。それから、安息日の命令を守るべき人たちを並べた上で、そのようにみんなで守れば、「お前の僕やお前のはしためもお前と同じく休むだろう」と言うのです。ここに並べられているのはみな家族です。血縁はもとより、家族の一人として一緒に住んでいた男の奴隷、女の奴隷も含めてです。ただ、奴隷と言いましても、私たちが話を聞く非人間的な扱いを受ける近代以降の奴隷ではなくて、以前はむしろ家族の一人です。そうした家族として一緒に住んでいた人たちみなで一緒に安息日を守りなさいと教えられています。家畜も家族に含まれているのです。

それから、「寄留者」も挙げられています。「門にいる寄留者」と書かれていますが、これはおそらく村や町の門です。一つひとつの個人の家に門があったわけではなくて、家が壁を連ねていて、集まっているその町に門があった。そこはちょっとした広場になっていて、町の隠退した長老たちはそこにいました。たとえば物事の相談や裁判などをしなければならないときには、その長老たちが証人になりました。その広場に、その町のもともとの住民でない寄留者もいる場合があった。寄留者というのは外国人もいたでしょうけれども、むしろ多くはイスラエルの同胞で、経済的な理由で家を失った人、そのほかいろいろな事情があって故郷に住めなくなった人、飢饉や戦争の難民、そういう人がいわば流れて来て、町の門のところに住むようになる。そういう人を家族のように扱わなければならないと聖書は命じています。難民にせよ、追われて出てきた人にせよ、経済的に破綻して家を失った人にせよ、法律の保護がない人たちです。生きる基盤を持っていない人たちを家族のように受け入れなければならない。それがイスラエルの社会です。

十戒では、安息日＝シャッバートは、そうした家族や家族同然の人たち、あるいは家畜まで一緒に仕事を休みなさいと言うのです。もちろんこの休みの日にはただ何もしないだけではなくて、村のみんなが集まって礼拝をします。み言葉を聴き、賛美を歌い、祈るのです。けれども、たとえば村でこういう祭りをしなければならないというような決まりはありません。シャーバットについてのいろいろな決まりがありますけれども、そこで言われているのは「仕事を休め」ということだけです。国でこういう祭りを行わなければならないという決まりもありません。ただ家族が共に休むのです。

もしかすると皆さんの中には、そのように申しますと、安息日は家族で休むべき日であって、家族で過ごしていていいのか、というふうに思われるかもしれません。しかし、この頃のイスラエルの家族というのは、今日の日本の私たちの小さな教会と同じようなものです。私たちの教会は、家族的です。それはちょうどイスラエルの家族と同じようなものです。ですから、イスラエルの人たちにとっての家族で安息日を守るということは、今日の私たちの日本のキリスト者にとってみれば、教会みんなで安息日を守りなさいと言うのと同じことだと思います。家族が共に仕事をやめて、主のみ言葉に聴き入り、そうやって主のみわざを体験し、主を共に賛美し、共に祈り、共に楽しんだ日です。休みだからといって遊びに行くための日ではない。わざわざ家族が共に仕事を休んで、一つの時間を共有し、主のみわざを体験し、主を賛美する日でした。個人的な神さまとの出会いも大事ですが、信仰を共有する仲間と共に主のみわざに「アーメン」と言えることが、安息日の一番大事な意味です。

先ほど読みました出エジプト記と申命記では、命令を守るべき人たちのリストが少し違いました。そもそも、申命記の十戒は、シャッバートには出エジプトの記念日だと強調します。その申命記では、安息日を守るべき人たちを並べて、最後に男奴隷や女奴隷も同じく休むことができると記しています。さらにそれに続いて、お前たちは今は自由だけれども、エジプトの地では奴隷であったことを確認します。出エジプトの記念としての、安息日に自分たちが奴隷であったことを覚える。そして、いろいろな事情があって今は自分たちの奴隷になっている人たちも一緒に休む。そうやって奴隷も含めた家族が造り上げられる。奴隷も共に礼拝する教会を造り上げる。そういうことが意図されていると思います。

## 共に賛美する礼拝

古い教会の教父と呼ばれる聖職者たちがいます。その一人に名説教家と呼ばれたヨハネス・クリユソストモスという人がいます。彼は教会の礼拝で賛美が歌われ、その賛美に続く説教の中で「ここに神の国が現されている」と語ったと言われています。どのようにしてそこに神の国が現されているか。彼は言います。ここでは貴族も奴隷も同じメロディで歌っている。その中に神の国が現されているのだ、と。安息日には、貴族や自由人や奴隷たちも共に同じ休みを経験して、共に同じ一人の主を賛美した。そこに奴隷も含めた一つの家族、貴族も自由人も奴隷も共に礼拝する一つの教会が見えてきている。そういう意味で、ここに奴隷や寄留者も含めた安息日を守るべき人のリストが挙げられているのはとても大事なことだと思います。

さて、教会が主の日を共に祝うことによって一つになるということを十戒から教えられますが、私たちの今与えられている家族も、教会の一部として、一つになったらどんなに幸いかと思います。もちろん私たちは「主イエスを信じなさい。そうすれば、あなたも家族も救われます」という約束を信じています。それに信頼して家族をも主に委ねていますけれども、その約束を信じる祈りの中で、やはり主にあって家族が一つになっていってほしい、家族が家族として教会の一部になっていってほしい、と思います。

家族というのは、今どうでしょうか。今の日本の社会の中では、家族が一つだと言えない状況になっていると思います。みんなばらばらです。平和そうに見える家族でも、家族の一人ひとりは、その生きている時間がばらばらです。同じ家に住んでいても一緒に食事ができない。そして、食事は家の食堂に出てきても、それが終わってしまえば、それぞれの部屋に帰ってお互いに違うことをしている。場合によっては、同じテレビ番組をそれぞれ自分の部屋のテレビで見ているということさえあるかもしれない。どこで一つになれるのでしょうか。家族で一つの時間を共有するということがやはり必要なのではないでしょうか。

安息日を守るというのは、家族が一つになるのに役立つからというわけではありません。安息日は、神がそう定め、命じ給うたから、ただそれだけのために守るものです。けれども、その命令をなさった神御自らが私たちの何をご覧になっているのか。私たちをどういう存在にしようとしておられるのか。そのことが見えるように思うのです。そのときに、この家族が一つになるということが、やはり神のお望みのこととして見えてくるのではないでしょうか。私たちは今一つところに一緒に住んでいても一つにならない。それは昔からそうかもしれない。でも今では、一緒にいるというそのことができなくなっているのではないでしょうか。血筋は共通していても一つになれない。お互いにお互いのことが理解できない。それは昔からそうかもしれない。でも今では、一緒にいるというそのこともできなくなっているのではないでしょうか。やはりそこで同じ場所に生きていても、同じ一つの時間を共有するということがないと一緒になれない。そういうものだと思います。

逆に、もしも家族が生きている場所が離れていても、一つの時間を共有することで一つになることができる。もちろん場所が離れているというのはかなり深刻な問題です。そのことによって家族の心が離れていくというのは起こってくることかもしれません。ただそうであっても、家族で一つの時を共有するならば、場所の遠さを乗り越えことができる。そういうことがあると思います。

十戒の安息日は、私たちが一つの時を共有して、そしてそこで共に一人なる神を拝むということを私たちに求めます。そのことによってイスラエルは一つになりました。そのことによって教会が一つになる。私たちの家族も一つになり得る。

もちろん一つになるために一つの場所に集まるということはあるわけで、イスラエルも結局は歴史の中で、主に犠牲をささげるのはエルサレムの神殿だけに限られていきます。そこでイスラエルの国全体が主に犠牲をささげる。そのことによって一つになる。けれども、たとえば神殿に集まるのには、やはり一つの時を定めなければできません。場所を一つにするよりも時を一つにする方が大事なのです。私たちは、礼拝するのに一つの場所を定めるよりも、一つの時が定められているということが私たちを一つにするのではないか。場所よりも時が大事なのではないかというふうに思います。

十戒は、家族が時間を共有することを求めています。そのことによって家族は一つになるからです。そして、家族が一人の神に連なり、一つの信仰告白を共有することが、主が私たちに望んでおられる人間のあり方なのです。繰り返しになりますが、この時のイスラエルの家族というのは、今日の私たちの小さな教会と同じようなものです。私たちがそういう信仰を共有し、神のみわざを共に経験する仲間を持っている。そういう者としてこの地に存在している。それを主なる神は求めておられます。

# 第18回　父母を敬え

## ——親孝行ではなく、親が神のみ言葉を子に伝えるがゆえに

### もう一つの積極的命令

十戒の戒めは大部分が「～をしてはならない」という禁止ですが、安息日＝シャッバートはそうではなくて、「～をせよ」という積極的な命令です。この安息日の命令に続いてもう一つ、「～をせよ」という積極的な命令があります。出エジプト記二〇章一二節を読みます。

「重んじよ、お前の父を、またお前の母を。そうすれば、お前の日々は長く続く。主、お前の神がお前にくださった土地の上で」。（私訳）

「重んじる」という言葉は「敬う」と訳される言葉で、普通は「神に栄光を帰する」というときに用いる言葉です。イスラエルでは紀元前のかなり古い頃からアラム語が公用語になったので、たとえば主イエス御自らはアラム語をお話しになったと言われています。ですから、聖書を読むとき

には、最初ヘブライ語で読んで、そのあとでアラム語でもう一度語り直されていました。そのようにして語り直されたアラム語の聖書というものが残っています。そういうものを見ますと、さすがに神に栄光を帰するときに用いる言葉を、父母に用いることをはばかって、そういう言葉を避けています。それで、普通の「尊敬する」というような言葉で訳しています。

この戒めの注意すべき点を申しますと、重んじるのは父親だけではありません。母親も同じように重んじることを命じます。この十戒と同じような戒めが、レビ記一九章に安息日の命令と並んで置かれています。レビ記一九章と言えば、「お前の隣人をお前自身のように愛さねばならない」という有名な戒めがその中心に据えられている命令集です。三節にこう書いてあります。

おのおのその母とその父をお前たちは恐れねばならない。また私のシャッバートをお前たちは守らねばならない。私は主、お前たちの神。（私訳）

シャッバートの戒めと父母の戒めの順序が逆で、父と母の順序も、「母と父」というように逆になっています。イスラエルでは「父と母」というだけでなく、「母と父」という順序もあるのですね。どちらかが上とか、どちらかの方が大事ということはないのです。父と母を重んじる。母と父を恐れる。どちらも同じこととして言われています。

もう一つ注目すべきことは、この戒めを行えばどうなるのか、あるいは、なぜこの戒めを守るのかということが書かれていることです。「この戒めを行えばお前の日々は長く続く。主、お前の神がお前にくださった土地の上で」と述べられています。要するに父母を敬えば長生きするということなのですが、特別に「主がお前にくださった土地の上で」というのですから、ただ単に父母を重んじることが長生きの秘訣だというようなことではなくて、主なる神との契約関係を持ち出しています。ここの土地に住むようにしてくださったのは、主とイスラエルの契約によるのだと。その土地で長く生きることができるのは、父母を重んじることと深い関係にあるということだと思います。

十戒は「父母を敬え」と言っています。聖書にも親孝行の教えがあるのだと思われたりするのですが、私たちの周りで一般的に考えられている親孝行と十戒のこの戒めは、どうも違うように思います。私たちの周りで言われている親孝行というのは、親が子を産んだのであって、産んだ方が産まれた方よりも上にいる。親が子を育てるのであって、育てられる子は親に従うべきである。子が親に従うということが人間の自然に則した本来のあり方だ。人間なら当然、親を大切にするべきものだ。ですから、親に反抗する子は人でなしと言われたりします。

ですから、聖書の「父母を敬え」という戒めを聞いた人の中には、聖書は私たちの考えとそんなに違うことを言っているわけではないのだと、安心する人もおられるかもしれません。でも逆に、私たちの中には親との深刻な葛藤に悩んで、そして教会に救いを求める人があります。親を赦せないでいる人にとっては、聖書も「父母を敬え」と命じているとなると、自分は神さまの前でしてはいけないことをしてきたのだろうかと悩んだりもします。しかし、「父母を敬え」という戒めと私たちの周りにある親孝行の教えはやはり違うと思うのです。

## 父母を敬うことの意味

まず十戒は、父母を敬うことを人として当然のことだと教えているわけではありません。先ほど、十戒と同じような父母に関する命令があると申しました。レビ記一九章三二節です。この章の初めに「母と父を恐れなさい」と命令した言葉にちょうど対応する形で、次のように言われています。

白髪の人の前で、お前は起立しなければならない。また、お前は老人の前で敬意を表さなければならない。そして、お前はお前の神を恐れなければならない。（私訳）

レビ記一九章によれば、「母と父を恐れよ」ということと「白髪の人の前でお前は起立せよ」「老人の前で敬意を表せ」ということは一つです。父母を敬うというのは、いわゆる親孝行ではないのではないか。普通、親孝行というと、まず子どもに教えられるべきものですが、この十戒の「父母を敬いなさい」という戒めは、むしろ大人に教えられるべきことでないのか。大人に対して、老人の前では起立せよ、敬意を表せ、と言っているのではないだろうか。

こういうことについて学者もいろいろなことを考えていまして、父母を敬うというのはつまりは老人を敬うということでもあるので、いわゆる親孝行ではなくて、昔の社会の老人福祉だと考える学者もいます。これはどういうことかと言いますと、昔は年を取ってきますと隠居します。畑仕事ができなくなる。羊を飼ったり牛を飼ったりできなくなる。そうすると隠居しますが、そのときに財産を子どもたちに分けてしまいます。財産をもらった子どもたちは、もう財産をもらったから親はいらないというのではなくて、その親が死ぬまできちんと面倒をみる義務がありました。

主イエスの話の中に放蕩息子の譬え話がありますね。ルカによる福音書一五章の後半に出てきます。兄の方は財産を分けてもらってその親を養うという義務を一所懸命果たしました。あの話で面白いところは、親の財産というのは親が生きているうちに分けてもらうということです。それが古い時代のイスラエル、あるいはイスラエル周辺の国々の習慣でした。兄はその義務を一所懸命果たした。でも、その義務を投げ出し、そのお金を使い果たしてしまった弟が帰って来たときに、隠居した親はその弟の帰還を喜んだというので兄は怒ったわけです。こういう隠居した親を敬えという法は古いイスラエルにあった。十戒のこの戒めはまさにそのことではないかと考えるのです。

しかし、もう一つ考えなければならない事柄があります。ただ隠居した老人をきちんと敬って養いなさい、ということではない。もっと別の意味です。それは、先ほどのレビ記で老人を敬うことと並べて「神を恐れなければならない」と言われていることです。老人を敬うことと神を恐れることはつながっている。しかもレビ記一九章三節では、「母と父を恐れなさい」と命じます。「恐れる」という言葉を使っています。三二節では、それと同じ言葉で「神を恐れよ」と言われています。つまり、父母との関係は主なる神との関係と重なってくるのです。十戒でも「重んじよ」というこの命令の言葉が「主に栄光を帰する」というときに使う言葉であったり、父母を重んじるということが主とイスラエルの契約と深い関係があったりします。「主、お前の神がお前にくださった土地の上で、お前の日々は長く続く」というのは、申命記を読んでいるとときどき出てきます。イスラエルが、よその神々に従っていくのではなくて、ただ主との契約に留まるということが求められていて、きちんと留まったときに祝福が与えられるのです。だから、父母を敬えばそれが人間の自然に則した生き方なのだから長生きするよ、ということではなくて、父母を敬うことが主との契約を重んじることなのだ、というメッセージがここにあります。

## 主との契約を重んじること

でも、なぜ父母を敬うことが主との契約を重んじることなのでしょう。私たちはなかなか父母を重んじることができません。むしろ父母を赦すことのできない私たちに、父母を敬うことが主との契約を重んじることだなどと言われてしまうと、それこそ私たちは行き場がなくなるような気さえします。どういうことなのだろう。

主はイスラエルと契約を結んで、彼らを導いてこられたわけですけれども、その契約はイスラエルの先祖たちと結んだものです。イスラエルをエジプトから導き出して、その先祖たちと契約を結ばれました。その主が、今もイスラエルの神でいてくださるのです。それは、そのことがイスラエルの先祖に対する主の誠実さを表すことだからです。主は私たちに救い主として忠実でいてくださる。それはすなわち、主がエジプトから導き出されたイスラエルの、その先祖たちとの契約に忠実でいてくださるということなのです。この先祖たちの契約に主はずっと忠実であってくださり、それをイスラエルの民は受け継いでいくわけです。父母に忠実であるということは、実はこの神との契約に忠実であるということなのです。ですから、父母は父母であるから重んじられるべきであるというよりも、この契約の担い手、この契約を子どもたちに伝える者であるから重んじられるべきだ、と言わなければなりません。

申命記の五章に十戒がありますが、その次の六章にも有名な戒めがあります。「あなたは心を尽くし、精神を尽くし、力を尽くしてあなたの神、主を愛しなさい」という戒めがある章です。その終わりの方にこういう教えがあります。これは親たちと子どもたちの間に起こってくることです。

お前の息子がいつの日かお前に尋ねて言うことがあろう。「何ですか、しるしと戒めと法、すなわち主、われらの神があなたたちに命じられたものは」。そうしたらお前はお前の息子に言わなければならない。「私たちは奴隷であったのだ、ファラオのもと、エジプトで。……」。

（二〇―二一節。私訳）

こういうふうにして息子が、今与えられている戒めの意味は何ですか、と親に聞くというのです。そのときに、こう答えなければいけない。「自分たちは昔エジプトで奴隷であった。しかし、そこから主が不思議なみわざをもって、力あるみ手をもって私たちを導き出してくださって、それで今の私たちがある」と。ですから、このように教えはまとめられるのです。

「こうして主はわれらにお命じになった、これらの戒めを行うこと。そのようにして、主、われらの神を恐れること。そうすればわれらに常に幸いがある。今日のようにわれらの生きるように」。

（二四節。私訳）

私たちは今、幸いのうちに生きていると言うのです。その幸いが与えられるために、主はこれらの戒めをもってわれらの神を恐れることをお命じになりました。

申命記六章は、そのことを親は子に伝えるのが使命だと教えるのです。この使命ゆえに親は重んじられるべきだ。そのようにして子どもが親を重んじるときに、その子どもは、実は主との契約を重んじ、主が忠実であってくださったことを喜んでいるのだ。主が契約に忠実であられるというのは、実はこの先祖たちに忠実であられるということでもあるわけです。その先祖たちの契約は、私たちには親たちを通して伝えられてきています。

私たちも親たちが伝えてきたこの契約に忠実でありたい。私を契約の民に加え、救ってくださった方は、私の父母をも同じ契約に入れて救ってくださった。そして私たちに真実を尽くしてくださる。主が私たちに真実を尽くしてくださるというのは、つまりは私の父母にも、さらにはその先祖たちにも真実を尽くしておられるということでしょう。私がこの神に忠実であるとするなら、この父母にも忠実であることができるのではないでしょうか。

私たちはときに、人間的には父母を赦せないことがあります。けれども、その父母のために主は契約を与え、愛してくださって、この父母に忠実を尽くされた。私たちの主なる神がそうであるならば、私たちはその父母に対する主なる神の誠実を受け入れることができるのではないかと思います。主が私たちを愛してくださるというのは、つまり私たちの父母に主が真実であられるということでしょう。その主の真実を私たちが受け入れるならば、主がその真実を父母に尽くしておられることも受け入れることができるのではないかと思うのです。つまり「父母を重んじなさい。そうすれば、あなたたちはこの主が与えてくださった土地の上で長く生きることができる」ということは、この契約に父母とともに真実であるということを求められているのだと思います。

# 第19回　シャッバートを守ることと父母を敬うこと

——信仰共同体の時間軸

## 信仰を共有できない親たちと

父母を重んじるというのは、実は主なる神との契約を重んじることと同じだとお話ししました。主が契約を結び給うたのは、イスラエルの先祖たちとの間に結び給うたのです。だから私たちに対して主が契約に忠実であられるならば、それはつまり先祖たちに対して誠実を尽くしておられるということです。私を契約の民に加えてくださったお方は、私の父母をも同じ契約に入れて救ってくださった。この神が父母に誠実であられたゆえに、そして、父母は私たちに神の契約を伝える者であるがゆえに、私たちは父母を重んじるのだと申しました。

さて、それはイスラエルではそうかもしれないけれども、日本の私たちはどうなのだと思われたかもしれません。私たちは、父母が私たちに神の契約を伝える者であるがゆえに重んじるというのであれば、この戒めは現代の日本の私たちに果たしてあてはまるのだろうか。父母もキリスト者であるならばいいけれども、私たちの実情は父母と信仰を共有できない場合が多いので、むしろ親たちは私たちが信仰に入ることを妨げる人たちであることが多い。そういう家族の中で自分一人が教会に行っている。あるいは行ってみようかどうしようか迷っているけれども、家族が認めてくれるか悩んでいる仲間たちにとって、父母は信仰を共有する、しかも私たちにその神の契約を伝えてくれる者であるから重んじなさいというのは、どうも現実と違うのではないか。そのように思われた方があるに違いありません。

確かにこの戒めは、ちょっと冷たい言い方かもしれませんが、信仰者の親子の間でしか通じないのかもしれません。十戒の「父母を重んじなさい」という命令は、これも先週申しましたけれども、私たちの周りで言われている親孝行の教えとは違います。どこが違うかというと、親たちと主なる神への信仰を共有するがゆえに父母を重んじるのです。そこのところが一番違います。ですから、父母と自分が同じ信仰を持っていなかったら意味がないのかもしれません。

この問題をよくよく考えてみますと、十戒は最初から私たちには関係のない話のように見えてきます。主は初めにお名前を御自らから名乗られて、こう仰せになります。「私は主、お前の神。すなわちお前を導き出した、エジプトの地から、奴隷の家から」。私たち自身あるいは私たちの血筋における先祖は、果たして出エジプトを体験したのでしょうか。私たちはイスラエルではありませんから、私たち自身も先祖たちも出エジプトによって救い出された民とは言えません。もっとも、キリスト者にとっては、イエス・キリストが実現してくださった罪からの解放が新しい出エジプトと呼び得るものです。罪から解放された者は、イエス・キリストによって出エジプトを経験したのですから、キリストを信じる者はみな、キリストによる新しい出エジプトの経験者だと言ってよいのだと思います。

しかしそれにしても、十戒は最初に神がお名前を名乗られるそのところから、その十戒を聞くべき人、十戒が語りかけている人は限られているように見えてしまいます。確かに、十戒は出エジプトによって解放されたイスラエルという特定の人々に呼びかけます。キリスト者もイエス・キリストによって新しい出エジプトを経験した者として十戒を聞いているに違いありません。十戒はすでにそのような十戒が呼びかけるにふさわしい者として存在する人々に呼びかけている。ですから十戒の言葉もそういう人々にあてはまるように語られているのではないか。そこが問題です。それならば、十戒は本来、十戒が呼びかけている人々に入らない人――私たちも本来は入らないわけです――には全く関係がないのでしょうか。イスラエルあるいは教会に属さない人には、十戒は語りかけられていないのでしょうか。何も教えてくれないのでしょうか。

しかし私は、十戒が出エジプトを経験したイスラエルにしか語りかけられていないというふうには思いません。あるいはキリスト者にしか語りかけられていないというふうにも思いません。むしろ十戒が「イスラエルとは何か」「キリスト者とはどういう生活をする人たちのことなのか」、そういうことを教えて、そこへと招いているように思うのです。確かに、十戒は出エジプトによって解放されたイスラエルに呼びかけています。その人たちは現にそこにいて、そういう人たちに解放されたイスラエルがどういう生活をするのがふさわしいのかを教えるものであるのかもしれません。

しかし十戒は、そもそも解放されたイスラエル、出エジプトを経験したイスラエルとはどういう人たちのことかという、イスラエルの定義から始めているのです。既に定義されたイスラエルがいて、その人たちに十戒を語りかけているのではなくて、十戒を語りかける人たちがイスラエルなのです。あるいは、イスラエルになるというのはどういうことなのかを十戒の方が定義をして、お前たちはこういう人間なのだ、そして、その定義にふさわしい生活を勧める、教えるというものではないかと思うのです。主なる神御自らが十戒の初めのところでご自分の定義をなさるのです。ご自分はイスラエルをエジプトから導き出した者だ。そういう神なのだ。イスラエルをエジプトから導き出した神として初めて神なのだ。そういうふうにしてご自分を定義なさる。そして、イスラエルというのはその神を自分たちの神とする人々である。これがイスラエルの定義です。すでにそこにイスラエルの定義があって、その人たちに合うように十戒が述べられているのではなくて、十戒がイスラエルを定義し、そういう民を造り出そうとしている。

## 神の民を造り出すために

こういう事柄の順序を表すのにたいへん大事な役割を果たしているのが、十戒の真ん中に存在する安息日、つまりシャッバートの命令と父母に関する命令の二つです。この二つは「～をしなさい」という肯定的・積極的な命令です。そして十戒のほかの八つの戒めは、全部禁令と言って「～をしてはならない」というものです。「～をしてはならない」という禁令は、この線を踏み越えたら神さまとイスラエルの関係は壊れてしまうという警告です。それに対して「～をしなさい」という肯定の命令、積極的な命令というのは、いわばイスラエルになるためにこういう生活をしてみなさい、こういう生活をしたらイスラエルになることができます、あるいはイスラエルがいよいよイスラエルとして生きることができます、という戒めです。それは生活のすべてにわたって「～をしなさい」というふうに縛っていくのではなくて、まずはこの二つをやってごらんなさい、という見本です。そういうものを十戒がここで提示している。

## 時間の広がりの中の共同体

しかも、この二つの命令は実は時間に関わる命令です。安息日はそのことが明らかですが、礼拝所のような場所を決めていません。礼拝をするならこういうところに行ってしなさいという話ではない。そうではなくて、礼拝の時間を決めてその日を聖別しているわけです。イスラエルとは、週の終わりの日、七日目に仕事をやめて休む人々のことだ、と。イスラエルとは、イスラエルの血縁に属するからイスラエルなのではない。カナンの地という国土に住んでいるからイスラエルなのでもない。イスラエル民族はもう国土を失って長いこと時間が経ってしまいましたが、その間もずっとイスラエルであり続けました。それは一致して週の最後の日に仕事をやめるという生活によるのだと言われています。

どこの土地に生きているのがイスラエルだと定義されているわけではありません。そうではなくて、どういう時間を生きているか。それはもう突き詰めると、どういう歴史の中に生きているのかということです。神の天地創造のリズムの中に生きている。そして出エジプトの歴史によって今在るを得ている。これがイスラエルだ。そういう生活をしてごらん。神の歴史が分かる。どうやって自分たちが救われて、どうやって今こうして生きているのかということが分かる。そう十戒は言っているのです。

もう一つの「父母を重んじなさい」という戒めも、実は時間に関係しています。私たちは、救い、神との契約、あるいは神の赦しというものを共有することで一つのつながりの中にあります。それを、同じ時に、世界中にいる人たちと共有あるいは一致することは大事なことです。けれども、聖書ではそれ以上に、父母と子の間の一致、先祖と子孫の間の一致、そういう時間の中に広がる一致を考えます。「共同体」という言葉がありますが、信仰の共同体は地域の広がりよりも、時間の中の広がりの方が大事なのです。ですから、私たちが信仰に忠実である、告白に忠実であるということは、先祖たちと同じ告白をする、先祖たちに忠実であるがゆえに同じ告白をする、ということなのです。

父母から子へ継承されていくものは、十戒の初めに主が仰せになる言葉に要約されているような救いの歴史です。「将来、あなたの子が、『我々の神、主が命じられたこれらの定めと掟と法は何のためですか』と尋ねるときには、あなたの子にこう答えなさい。『我々はエジプトでファラオの奴隷であったが、主は力ある御手をもって我々をエジプトから導き出された』」（申六・二一―二二）。

イスラエルが一つであるということは、地域や現在の人間関係のつながりよりも時間的なつながりなのです。一つの歴史につながっている。一つの先祖たちにつながっている。父母を敬うことも、この時間にこの私も接続するということなのです。この救いの歴史を、私が継承し、共有するということです。

## イスラエルに接ぎ木される

イエス・キリストは、安息日の明けた週の初めの日に復活なさいました。そこで新しい安息日、主のみわざの完成の日をお示しになりました。そして、イスラエルでない私たちも、イエス・キリストを通してアブラハムの子孫にしていただいたのです。私たちが救われたというのは、ただイエス・キリストとの個人的なつながりができたということではありません。イエス・キリストによって私たちは神の民に加えられた。神の民の根っこに接ぎ木されたという言われ方をします。キリストによって新しい出エジプトを体験したというのは、出エジプトを経験し、それを継承してきたイスラエルと同じ一つの共同体に私たちも連なるということです。キリストを仲立ちとして、このイスラエルに接ぎ木される。そういう救いにあずかるということがまず、父母を重んじるという戒めを満たすことになります。

それなら最初の問いに戻りましょう。私たちのまだキリストへの信仰を告白していない父母はどうなるのでしょう。キリストを知らずに死んでいった先祖はどうなるのでしょう。そこで大事なことは、私たち自身がキリストによってイスラエルに接ぎ木されることだと思います。私たちが信仰によってイスラエルの先祖を先祖とし、イスラエルの子孫となるときに、その民に与えられた契約の恵みは私たちだけではなく、私たちの家族にも次第に及んでいくのではないでしょうか。

パウロはフィリピで初めて洗礼を受けた人物――それはパウロが捕えられていた獄屋の獄吏です――に言います。「主イエスを信じなさい。そうすれば、あなたも家族も救われます」(使一六・三一)。主が示してくださった救いは、私個人に関わるものではありません。主は家族全体をみ手のうちに収め給います。私の周りにも子どもが先に洗礼を受けて、その後に親が教会に来て洗礼を受けるようになるという例がたくさんあります。主なる神は私たちを救い給うときに、私たちだけではなくて、私たちの家族や私たちが属する民族の歴史全体をご存知でいらっしゃいます。もちろんキリストを知らずにすでに死んでしまった先祖たちについて、私たちは何も言うことはできません。先祖だって救われるのだ、などということは言えないけれども、その人たちはもう神さまに見捨てられたのだ、と言うこともできません。ただ私たちにできることは、歴史全体を支配し給う天地創造の神に、主を知らなかったけれども生きた先祖たちのこともお委ねしていいのではないでしょうか。ですから、この国で、父母がまだ信仰を共有できない者であっても、その父母を私の救い主にお委ねする。救い主の赦しにお委ねする。できれば生きているうちに信仰を共有できるようにと祈る。そうした祈りをすること、そのように父母に対しても救われた者として自分を現すこと、それが私たちにとっての父母を重んじることに違いありません。

# 第20回　殺すな
## ——命はだれのものか

### 二枚目の板

十戒の後半、二枚目の石の板に入ります。「殺すな」「姦淫するな」「盗むな」という、おそらく十戒の中で一番有名な言葉が並んで出てきます。有名と言っても、なるほど聖書にもこういう戒めがあるのだということで有名なのかもしれません。どのような宗教でも基本的に「殺すな」「姦淫するな」「盗むな」と言うでしょう。ただどういうことを「殺し」と言い、「姦淫」と言い、「盗み」と言うのかは、社会や宗教によってさまざまだと思います。十戒の場合、この三つの事柄は何を殺すのがいけないことなのか、何を盗んではいけないのかという、その「何を」という目的語がついていません。「姦淫するな」というのは、「姦淫」という言葉そのものの中身をどう理解するかが問題で、「姦淫するな」と言われて、それだけでは何をしてはいけないのか分かりにくいですね。

「盗むな」というのは、これは日本語でも目的語なしに「盗みはいけない」という言われ方をします。何であれ盗むという行為がいけないということかもしれませんが、しかし、法律ならば何を盗んではいけないのかは書くものです。日本でも法律で裁かれる盗みというのは、他人に属する物を奪うことです。お金に換算できるようなものですね。そういうものをその人に黙って奪い取ってはいけないということなのです。最近は事柄が複雑になって分からなくなってきていますね。最近よく聞く言葉では、知的財産権というものがあります。人のアイディアを盗んだ。でも、人のアイディアをもらうということはしばしばあるわけで、では、どういう場合にそれが盗みになるのか。これは決めるのがなかなかたいへんですね。始終それが話題になっています。そういう盗みについての事柄、何を盗んではならないのかというのは再来週考えることにします。

## 何を殺してはならないのか

今日は「殺すな」ということについてお話しします。「殺すな」。これも目的語がないので、何を殺してはいけないのかがよく分かりません。「〜を殺すな」と書いていないのだから、とにかく何であれ殺してはならないのだと考えるほかないのかもしれません。

私は仏教のことはよく知りませんけれども、「不殺生戒」と言って、生きとし生けるものを殺してはならないと教えられていると聞いています。ただ人間も動物も、現実にはほかの生き物を殺してそれを食べなければ生きていけません。仏教はその現実をよく分かっていて、そのようにしてしか生きられない自分の現実をよくよくわきまえて生きなさいと言うのでしょう。そういう教えであるようです。本当は生きとし生けるものは殺してはならない。けれども現実的には食べなければ生きていけない。だから、その現実をよくわきまえて生きなさいという考え方が聖書にはないかというと、実はとても興味深い事柄が聖書の初めに出てまいります。

創世記一章で、神は六日で天地を創造なさいました。その中で、神が植物をお造りになる。地に命じて、「地は草を芽生えさせよ。種を持つ草と、それぞれの種を持つ実をつける果樹を、地に芽生えさせよ」（一一節）とおっしゃるのです。その上で動物や人をお造りになるわけですが、地を這うもの、水の中を泳ぐもの、空を翼をもって飛ぶものをお造りになる。そして、人間に「産めよ、増えよ」という祝福をなさいます。その祝福と同時に、神は実のなる植物や穀物を食べるようにお命じになりました。動物は天地創造の時には食べ物ではないのです。

ところがノアの洪水が起こります。これは、人間の罪のゆえに、神は人を地上に造ったことを悔いて、地上の生き物を一掃してしまわれるわけです。洪水が終わって再出発する人たちに再び「産めよ、増えよ」と祝福をなさって、ここで初めて神は人間に動物の肉を食べることをお許しになります。本来の神の秩序は、草や木の実を食べる。そういう秩序を壊して存在している人間の現実を言っているのではないかと思うのです。そういう中で、動物を食べてもいい、しかし、その命は血の中にあって、神さまのものだから、それを人間は自分のものにしてはいけない、という枠をお与えになりました。私たちの生について、その現実と本来の神の秩序を思わせる大事なテキストではないかと思います。

さて、聖書は神さまに動物を殺してささげる犠牲を認めます。ノアも箱舟から出て最初にしたことは、祭壇を築いて犠牲をささげることでした。動物の命は、本来神のものだ。だからすべての生活の初めに神のものである動物、その命を神にささげるところから始まるということだと思います。この点については、人間は自分の権利を主張することができません。そして、そこに「殺すな」という戒めの理由、根拠があります。なぜ殺してはいけないか。それは、命は神さまのものだからです。

## 戦争の問題

けれども、何度も申しますが、殺さなければ生きていけないという現実を人間は持っていて、そのことを十戒も配慮していると思います。まず「殺すな」という言葉ですが、聖書ではあまり出てこない特別な単語です。どういう場面で使われるかというよりは、どういう場面には絶対出てこないかという話をした方が分かると思います。

まず戦争の場面にはこの言葉は出てきません。聖書は戦争で人を殺すという場合には別の言葉、直訳すれば「死なせる」というような言葉を使います。あるいは「剣で殺す」という言い方をします。けれども、そこでは十戒で言っている「殺すな」というこの言葉は出てこない。ということは、十戒は戦争を禁じていないということになりそうですが、話はそれほど単純ではありません。聖書は戦争の現実を認めます。イスラエルはずいぶん戦争をしています。その戦争には主ご自身が関わっておられますが、だから戦争はあってもいいものだ、戦うべき戦争というのはあるという言い方はしないのです。戦争はなくなるべきものです。
イザヤ書という預言書があります。その二章に素晴らしい言葉が出てきます。この言葉は、ミカ書の中にもほとんど同じ言葉が出てまいります。ミカというのはイザヤとだいたい同じ時代の預言者です。この時代にこういう言葉が一般に知られていたと言っていいのだと思います。

終わりの日に
主の神殿の山は、山々の頭として堅く立ち
どの峰よりも高くそびえる。
国々はこぞって大河のようにそこに向かい
多くの民が来て言う。
「主の山に登り、ヤコブの神の家に行こう。
主は私たちに道を示される。
私たちはその道を歩もう」と。
主の教えはシオンから
御言葉はエルサレムから出る。
主は国々の争いを裁き、多くの民を戒められる。
彼らは剣を打ち直して鋤とし

槍を打ち直して鎌とする。
国は国に向かって剣を上げず
もはや戦うことを学ばない。
ヤコブの家よ、主の光の中を歩もう。

（二―五節）

これは世の終わりに何が起こるかという幻です。世の終わりには国々がエルサレムの主のみもとに集う。諸国民もまたイスラエル自身も主の教えを聞くというのです。そこでは国々の争いを主がお裁きになる。国々は剣を打ち直して鋤とし、槍を打ち直して鎌とする。こういう平和の姿が語られています。これは世の終わりのことで、現実には戦争がなくならないと言っているのですが、でも現実だから仕方がないと言って何もしないわけではありません。この終わりに実現されるべきことによって、今の現実は裁かれなければなりません。

主イエス・キリストは、世の終わりが早く来るように祈れとお教えになります。まさに、現実はこうだから何もしないのではなくて、仕方ないというのではなくて、世の終わりが早く来るように、この平和が早く実現するように祈るのがお前たちの役割だとおっしゃる。「右の頬を打たれたら左の頬を出せ」。このことは現実の世界では、個人としては言えるかもしれない。でも、たとえば国がよその国から戦争を仕掛けられたときに戦わない、そこで「右の頬を打たれたら左の頬を出せ」ということを、国民が一致して「アーメン」と言えるわけではない。そういう現実を、私たちはこの二一世紀になっても思い知らされてきています。

でも、主イエスはその時が来るように祈れとおっしゃるのです。「右の頬を打たれたら左の頬を出せ」。みんなでそれに「アーメン」と言えるように伝道しなさい。そのために祈りなさい。そうおっしゃるのです。しかし、その現実の中で十戒は、戦争の殺人ということはあり得ると語っているように見えます。

## 死刑の問題

それから、もう一つ問題になるのは死刑ですね。聖書の中で死刑のことが何度も出てまいりますが、これもその人を「死なせる」という言い方をして、この十戒で言われている「殺す」という言葉を使いません。この場合は、十戒は死刑を認めているけれども、それはやはり命を重んじるがゆえに、殺人という命をもってしか償うことのできない罪があるのだと言っているように思います。命には命をもって償う。これはお金での解決や言い訳を赦しません。人の命を奪ったら、それは自自分の命をもってしか償えないのだという原則です。もちろん犯罪者の扱いがだんだん発達してきていますから、そうした中で別の償いの仕方ができてきて、あるいは現実の中で殺人というものがなくなってくるのならば、それにつり合う刑罰としての死刑というものもなくしていいのかもしれません。でも、十戒で「殺すな」と言われているのは、死刑を含んではいないと読まざるを得ないと思います。

結局、こういうところでは使われない言葉で、それではどういう場面でこの「殺す」という言葉が使われているのかというと、イスラエルの同胞を正当な理由なしに殺すことを言うのです。死刑で殺すのは、これは仕方がない。それからイスラエルの同胞でないほかの国の人たちと戦争をする。これもある意味仕方がない。けれども、イスラエルの仲間のうちで、正しい理由がなくて、たとえば正当防衛だったとかということでなくて、相手を殺す。これを十戒は禁じているのです。そうなりますと、ここには戦争とか死刑を含まない。それから動物を殺すときにも使わない言葉ですから、動物を殺して食べることを禁じていない。どうしても、人を殺してはならない、あるいはもう少し狭く言うと、同胞を殺してはならないという言葉になります。

## 子どもや奴隷の問題

では、どうして「同胞を殺してはならない」「人を殺してはならない」と言わなかったのでしょう。一つ考えられることがあります。昔の社会では半人前の人というのがありました。たとえば子ども、それから奴隷です。今の社会でも、子どもを殺すというのは、案外刑罰が軽いように私は思います。でも、十戒がわざわざ「人を殺すな」と言わずに、ただ「殺すな」と言ったことの中には、子どもでも奴隷でも、殺したら罪は一緒だという意味が含まれているように思います。

実際、イスラエルのほかの法を見ますと、主人が奴隷を殺してしまった場合には、命によって報いることとされています。主人と奴隷の関係というのは、奴隷が死んでしまった場合には関係がなくなる。そういう上下の関係、懲らしめる権利とか懲らしめられる義務とかではない、一人の人間と人間との関係になる。そういうことが明らかにされています。それから子どもの場合、たとえば自分の飼っている牛が人を突っつく癖がある。それを知っていながら放置して人を殺してしまった。そういうときに相手が子どもであっても、罪は同じです。そういうことを聖書は教えます。

なぜ殺してはいけないか。それはもう何度も申しました。命はだれのものか。私の命は私のものだと思っていないでしょうか。そうではない。私の命は私のものではありません。ましてや他人の命は私が自由にできるものではないのです。この命は私のものだと主張するのは神ご自身です。神の持ちものだから私たちは犯してはならない。そういう戒めなのです。

# 第21回　姦淫するな

## ――神のみ前で恥じることのない関係

### 姦淫とは何か

十戒は私たちに「姦淫するな」と言います。「姦淫」とは何でしょうか。今、新共同訳聖書をお用いになっていらっしゃる方があると思いますが、その多くが、新共同訳が出るまでは、同じ日本聖書協会から出ている口語訳聖書をお用いであったと思います。そして、口語訳から新共同訳に移るときに、姦淫について理解が変わった部分があることにお気づきになった方もおられたのではないかと思います。

それは主イエスの山上の説教の一節です。マタイによる福音書五章二七節、二八節の主イエスのみ言葉の翻訳に現れてきました。以前の口語訳ではこう訳されていました。

「『姦淫するな』と言われていたことは、あなたがたの聞いているところである。しかし、わたしはあなたがたに言う。だれでも、情欲をいだいて女を見る者は、心の中ですでに姦淫をしたのである」。

これが新共同訳では次のように訳されています。

「あなたがたも聞いているとおり、『姦淫するな』と命じられている。しかし、わたしは言っておく。みだらな思いで他人の妻を見る者はだれでも、既に心の中でその女を犯したのである」。

十戒で言われている「姦淫するな」という戒めを、主イエスは極度に厳しく私たちに要求なさいます。口語訳では「情欲を抱いて女を見る者」が問題にされています。ところが新共同訳では「みだらな思いで他人の妻を見る者」となっています。そもそも女性を情欲を抱いて見ることを問題としているのか、他人の妻をそういう目で見ることなのか。実はギリシア語のテキストでは、この箇所は「女」としか書いてありません。とすると、新共同訳の「他人の妻」というのは訳し過ぎなのでしょうか。しかし、この「女」という言葉は、たいていは大人のしかも既婚の女性を指します。それでは、そもそも十戒はどうなのでしょうか。一般に女性とみだらな関係を結ぶことを禁じているのでしょうか。それとも、他人の妻と関係してはならないということなのでしょうか。

この理解の仕方を解決する手がかりがいくつかあります。一つは、十戒にしても山上の説教における主イエスの教えにしても、呼びかけられているのは成人した男性だということです。女性一般であれ他人の妻というのであれ、この戒めは男性に対して女性との関係をどうしたらいいかを問題にしています。その場合、もしも十戒や主イエスの山上の説教が言おうとしていることが、男女関係の純潔ということであるならば、男性だけに呼びかけられるのはおかしいですね。女性にも呼びかけて、「情欲を抱いて男を見る者は心の中ですでに姦淫をしたのだ」と付け加えることになるでしょう。でも、主イエスはそのようには仰せになりませんでした。

旧約の世界では、男性は幾人かの妻を持つことがありましたが、社会全体の経済がそれほど余裕がなくて、女性が自立して生きていくことはほとんど不可能でした。またすべての男性が結婚して妻と子どもたちを養う力があったわけではありません。そうすると、力のある男性が何人かの妻を持たないと生きていけないことになります。今日でもイスラームの国で、力ある人が四人まで妻を持つことが許されているのは、そういう意味があるのだと聞いたことがあります。それで男性が最初の妻以外の女性と関係することは禁じられていなかった。何人かの妻だけではなくて、女の奴隷との関係もあり得たのです。

十戒も、私たちが考えるような妻と夫、つまり一夫一婦制を土台にして男女が正式な配偶者以外の人とは関係を持たないという純潔を求めるものではなくて、他人の結婚関係を破ることを禁じている、と考えてよいのだと思います。実際、十戒以外の旧約聖書の法の中で違反が厳しく罰せられるのは、他人と結婚あるいは婚約している女性と関係することでした。その場合は、これを犯した男も相手の女性も等しく罰せられました。

これに対して、婚約前の女性との関係はもちろん好ましいことではないけれども、罰せられるわけではありませんでした。ただ男は関係したことの責任を取らなければならない。きちんとその女性と結婚すること。そして、こういう場合は、男性があとでその女性のことが気に入らなくなっても離縁することは許されませんでした。ということは、十戒でも、妻以外の人と性的な関係を持つことをすべて禁じたものではなく、また女性に対してほかの女性の夫である男性と関係することを禁じたものでもなくて、そもそも男女の結婚の純潔という問題でもなくて、男性が他人の妻と関係を持つことを「姦淫」と呼んだのです。それを禁止したのだと考えるのが一番素直な考え方です。つまり、自分の結婚についての純潔の問題ではなく、男性が他人の結婚の関係を奪い、また破壊してはならないというのが十戒が求めていることなのです。

もっとも、主イエスの時代にはユダヤの人たちの間ですでに一夫一婦制が基本でしたし、主イエスがお教えになった結婚というものも、どちらか一方が死ぬまでは一人の男性と一人の女性が互いに誠実を尽くすという関係でした。ただ山上の説教では、主は古い十戒を引用なさって、それに対してそれを心の奥底までを問う厳しい戒めとなさいましたので、十戒がそうしていたように、男性に対して、他人の妻をみだらな思いで見ることを禁じる言い方をなさった。だから新共同訳が「情欲を抱いて女を見る者」というのではなくて、「情欲を抱いて他人の妻を見る者」というふうに直したのは、理解が変わったというよりは、十戒が本来何を禁じているのかを明らかにした上で、それに則した訳語を選んだということに違いありません。

## 十戒が本来禁じていたもの

しかし、今の日本の社会で、このように十戒が本来求めている事柄をはっきりさせて翻訳し直すことによって何が起こるのでしょうか。翻訳としては正しいけれども、そういうふうに直してしまったことで、十戒が本来要求していたものが、人々の間で正しく受け取られるようになったのだろうか。そういうことを考えなければならないと思います。翻訳としては正しい。しかし、そのことによって今の日本に十戒は正しく伝わったのでしょうか。日本の国というのは——自分もその一員ですけれども——、性や結婚についての倫理がとてもゆるいと思います。

明治時代に新渡戸稲造が『武士道』という本を英語で書きました。世界に向けてこれが日本の倫理の基本にある思想だと言いました。このときに、当時の教会のリーダーの一人であった植村正久が——この人は江戸幕府の旗本の子でしたけれども、キリスト信仰と出会って、自分の血の中にある罪の問題に苦しんで回心を経験しました——『武士道』の書評を書いているのです。新渡戸稲造はいろいろな書評の中でこの植村の評価が一番まともだと言ったようですけれども、植村は何と批判したかというと、新渡戸は武士道の床の間しか見せていないと批判したのです。日本の家というのは、床の間は人に見せるけれども、人に見せることのできない台所があるのだと。その見せることのできない台所として植村が考えていたのが性道徳の問題でした。武士道は性道徳においては非常にレベルが低い、そう植村は考えたのです。

この点は今も変わっていないと思うのです。結婚前の性的な関係とか配偶者以外との関係、いわゆる浮気というものに、日本は極めて寛容ではないでしょうか。不倫などという言葉が人間の自由を象徴する言葉としてもてはやされたりする。お金で性を売り買いするということが今でも裏の世界でではなくて、かなり公然と行われている。性犯罪に対しても相当甘いと思います。そういうところで、今までキリスト者は、主イエスが教えたように、どちらか一方が死ぬまでは一人の男性と一人の女性が互いに誠実を尽くすという一夫一婦制の結婚を重んじてきました。

けれどもこの頃になって、教会の中でもこうした倫理がゆるんできてしまった部分があって、性あるいは結婚というものは人間の自然のあり方に委ねていいのではないかと主張する人が多くなってきました。そういう自然のあり方を結婚という制度で縛り、本当は性というのは自由なことなのに、自分で縛り付けて自分を責めたりすることはいけないのだと言われたりします。でも、どうでしょう。自然なことが果たして正しいのでしょうか。自由でいいのでしょうか。私たちはいつでも主のみ前できちんと考えなければいけないことではないでしょうか。

そういう状況の中で、新共同訳のように、この聖書の言葉の本来の意味は結婚についての純潔の問題ではなくて、男性が他人の妻と関係を持つことを禁じているのだと言って、翻訳を変えたらどうなるでしょうか。いろいろな誤解が生じてくると思います。要するに、禁じられているのは他人の妻との関係を持つことであって、相手が未婚であるならば、不倫もよくはないだろうけれども自由に任せられるべきことだということになりかねません。そうすると、先ほども申しましたように、翻訳としては正しいけれども、十戒が正そうとしている本当のものをいい加減にしてしまうのではないでしょうか。

## 人間の現実に抗して

私自身も自分の現実というものを顧みれば、こういう事柄には弱いと思うし、そういう自分の現実を棚に上げて、人々の性倫理のゆるみは問題だなどと言うことはできないと思います。でも、ここではっきりさせなければならないことは、これが人間の現実だからそれでいいのだということにはならないということです。これが人間の自然なのだから自由に考えるべきだということにはならないのです。

まず何よりも、性や結婚の問題は相手があることです。私の自由が相手を深く傷つけることがあり得るのです。両方が好き合っていれば結婚などしなくてもいいではないかと言う人がいるけれども、それが破綻するときには、両方が嫌いになって破綻するということはあり得ません。どちらかが嫌になって、そしてどちらかが傷つきます。

そしてもっと大事なことは、十戒がこの問題を私たちに投げかけるときに、それを主なる神のみ前で扱う問題としているということです。男女関係を持ったお互いが、終わりの日に、神さまのみ前で会うことができるだろうか。お互いに感謝して共に立つことができるだろうか。私たちは男であれ女であれ、それぞれが自立して神のみ前に立ちます。そういう自分の姿を持っているはずです。

そういうものを無視して、自分の今の気持ちのままに相手を支配してしまっていいのだろうか。相手をわが物にしてしまっていいのだろうか。結婚というのは、相手を自分のものにすることではなくて、神のみ前におけるその相手の本当の姿を発見する歩みだろうと思います。結婚をして一緒に歩み出す一番の恵みというのは、相手を発見することです。相手の本当の姿を発見することだろうと思うのです。神のみ前においては、その相手は私のものではないし、私もその相手のものではない。それぞれがそれぞれとして神のみ前に立つ。そして、その姿を発見することが結婚の大きな喜びだろうと思うのです。

しかし姦淫は、その相手の人の自立したあり方を否定することになります。自分の思い通りにしてしまうことになる。ほかの人に迷惑をかけなければいいではないかと言うかもしれない。いわゆる姦淫というのは、他人の妻と関係を持つことです。それは当然その妻の夫に迷惑をかけ、傷つけることになる。でも、お互いが結婚前で好き合っている者同士であれば、男女の関係を持つのはよいではないかと言うかもしれない。けれども、お互いが、終わりの日に、神さまのみ前で会うことができるだろうか。本当に相手が神さまの前にあるべき姿で立てるように、相手のことを思い愛するということが必要だし、そこに恵みがあるのではないでしょうか。

# 第22回　盗むな

## ――不満はどこから来るか

### 人を盗む

「盗むな」と言われていますが、十戒はここでも何を盗んではならないのかという目的語がありません。いくつかの可能性を考えることができます。それは旧約聖書のほかの箇所にはっきり出てきています。そこでは何を盗むなと言われているのか。

まず初めに言われていることは、人を盗むなということです。つまり誘拐です。出エジプト記二〇章の終わりから一つの法律のまとまりが出てまいります。そして、二一章一二節から一七節までのところに、それを犯したならば死刑だという非常に重大な法が出てまいります。私が訳してみたもので読んでみます。

人を打つ者は、それで彼が死んだなら、必ず死なせられなければならない。しかしもし、彼がたくらんだのではなく、神が彼の手に渡したのならば、私はお前に一つの場所を定め、そこに彼が逃れられるようにする。もし、人がその隣人に対し激昂し、謀って彼を殺したならば、お前は彼を私の祭壇から引き離し、それで彼は死ぬ。また、彼の父と彼の母を打つ者は、必ず死なせられなければならない。また人を盗む者は、彼を売ったにせよ、彼の手のうちに見出されるにせよ、必ず死なせられなければならない。また彼の父と彼の母を呪う者は、必ず死なせられなければならない。（私訳）

人に暴力を働いて、それで相手が死んだら死刑だと言うのです。「必ず死なせられなければならない」という表現で死刑のことを言います。その場合の「人を打った」というのは、故意に人を打ったということです。過失はどうするか。たまたま企んでいないのに人に当たってしまった場合はどうするのか。本当に相手を殺す気がなかったのかどうかを調べるための裁判をするための猶予を与えます。一つの場所を定め、そこに彼が逃れられるようにする。「逃れの町」というものがあって、その町の祭壇の角をつかんだら、それが安全地帯です。でも、よく調べて、殺すことを謀って故意に殺したということが分かったら、その祭壇から引き離して死刑にせよ、というのです。同じように死刑をもって罰せられる罪は、彼の父と彼の母を打つことです。父母に乱暴を働く者は、それで父母が死ななかったとしても死刑だ。それから一つ飛ばして最後に、父と母を呪う者もまた死刑だというのです。

この「父母を打つこと」と「父母を呪うこと」の間に、「人を盗む者」という規定が出てまいります。「彼を売ったにせよ、彼の手に見出されるにせよ」というのはつまり、誘拐をした犯人がその人を――たいていは子どもですけれども――売ってしまうことです。売ってしまったら取り戻しができません。そうしたらもちろん死刑です。でもこの戒めでは、まだ売る前に子どもを取り戻すことができたとしても、誘拐犯はそもそも死刑だと言っているのです。

十戒には、どういう決まりが並べられているか、どういう戒めが並べられているかということを多くの人が考えてきました。その中で、十戒で禁じられている犯罪はみな死刑に当たるものだという見方がありました。確かに偶像崇拝や神を呪うことは死刑です。安息日を破ることも死刑。もっとも、これは実際は安息日を守らなかった人はイスラエルではない、救われない、と言われただけで、本当に安息日を破ったから死刑という例は、聖書にはないようです。それから、親を打ったり、呪ったりすることも死刑です。殺人ももちろん死刑です。では姦淫はどうか。新約聖書の中に、主イエスの前に連れてこられた姦淫をした女の話が出てきます。そこでもやはり、「死刑だ」という声があがります。もっとも、姦淫をした人物が実際に死刑になったという話は、少なくとも聖書には出てきません。おそらく追放とかそういうことになったのでしょう。

では、少なくとも建て前上死刑だという決まりが十戒に並んでいるとすると、盗みはどうなのでしょう。実はイスラエルでは、古くから財産犯では死刑になることはありませんでした。これは日本の刑法とずいぶん違うところで、日本では泥棒には厳しくて、江戸時代には「五両盗めば首が飛ぶ」と言われたそうです。けれども、聖書にはそういうことはありません。人の財産を盗んで死刑になるということはなかった。それで、「盗むな」というのは、そもそも十戒が死刑になるような罪を並べていると考えると、これは「人を盗むな」ということだろうと考えた学者がいるわけです。でも、どうでしょう。それならはっきりと「人を盗むな」と言えばいいはずです。なぜ目的語をはずしたのでしょうか。やはり人を盗む誘拐だけではなくて、もっと一般的に盗みを禁じたと言うべきではないでしょうか。そして、十戒に並べられている戒めというのは、それを破ったら死刑になるものを並べたというよりは、もっと違う意図があって並べているのだと思います。結論を言ってしまえば、神さまとの関係を壊すことになる戒めを並べている。

## 神の所有を犯すこと

盗み、それは人を盗むことであれ財産を盗むことであれ、神さまの所有を犯すことです。ただ単に人から物を盗むことだけではなくて、神さまから盗んでいるということになる。考えてみれば、殺人だって命は神さまのものなのですから許されません。他人の財産を盗むということもまた、神さまから盗んでいると見られるのです。では、神さまから盗むとはどういうことでしょう。

そこで、主なる神の所有を犯すなということについて、やはり出エジプト記二〇章の終わりから始まる法律集を見てみましょう。出エジプト記二二章にあります。この法律集の中にはいくつかの大きなまとまりがあって、二二章二〇節から二三章九節までが一つの大きなまとまりです。二二章は口語訳と新共同訳で少しずつ節がずれていきます。口語訳や新改訳をお用いの方ならば、二二章二一節から二三章九節までがひとまとまりです。この二二章二〇節――あるいは古い訳ですと二一節――と二三章九節というのはほとんど同じ文です。その次の節から貧しい人についての主なる神の命令が並んでいます。これも私の訳ですが、読んでみます。

やもめとみなしごをお前たちは圧迫してはならない。もしお前が彼を実際圧迫し、まさに彼が私に叫んだなら、私は彼の叫びを必ず聞く。そして、私の怒りは燃え上がり、そして、私はお前たちを剣で殺し、そして、お前たちの妻たちはやもめとなり、お前たちの子らはみなしごとなる。もしお前が私の民、お前の傍らにいる貧しい者に金を貸すときは、お前は高利貸しのようになってはならない。お前たちは彼に利息を取って貸してはならない。もしお前が実際お前の隣人の上着を質に取るならば、太陽が沈むまでにお前はそれを彼に返さなければならない。なぜなら、それは彼の唯一の上着、肌の覆いだから。何をもって彼は寝たらよいのか。もし彼が私に叫んだなら私は聞く。まことに情け深い、私は。

(二一―二六節。私訳)

主は最後に御自ら名乗って、「まことに情け深い、私は」と仰せになります。主がその情け深いお心をもっていつも見守っておられるのは、みなしごとやもめ、つまり、生活の手段や守ってくれる人を失って困っている人たちです。それから貧しい人たちです。貧しいとはどういうことかと言うと、仕事をする――たとえば農耕や牧畜――こともすべて人から物を借りなければできない人たちのことです。そういう人たちにお金やあるいは種もみを貸す。その時に利息を取ってはならない。それから、「高利貸しのようであってはならない」というのは、厳しい取り立てをしてはならないということのようです。なぜでしょうか。主が情け深いから、お前たちも情け深くあれということだけでしょうか。

## すべては主のもの

この法に続いて、二七節からちょっと不思議なつながりですけれども、献げ物の話が突然出てくるのです。

お前は神を呪ってはならない。また、お前はお前の民のうちの指導者を呪いのうちに置いてはならない。お前はお前の収穫とお前の絞った物をささげるのにためらってはならない。お前の息子らのうちの初子をお前は私に与えなければならない。同様に、お前の牛、お前の小家畜に行わなければならない。七日間、それはその母のもとに留まり、八日目に、お前はそれを私に与えなければならない。

（二七―二九節。私訳）

人間であれ家畜であれ、息子のうちの初子は神に与えなければならないと書いてあります。家畜の場合は文字通り、七日間母親のもとに置いたら、八日目にささげるのです。これは人身御供を要求しているのかと思われるかもしれませんけれども、そうではありません。人間の場合には、別の家畜をささげることをもって初子の代わりとする。あるいは初子は——あのサムエルがそうでしたね——献身させるのです。ですから、ここで主なる神が求めておられるのは、単なる献げ物の問題ではなくて、初子はすべて主なる神のものだとおっしゃっているのです。あるいは「お前の収穫とお前の絞った物」と言いますが、これは、穀物などの収穫物と、それから種を絞って油を取ったり、あるいはぶどうを絞ってジュースやぶどう酒を作る、そういうようなものの中から一番良いところをためらわずに主なる神にささげなさいということです。

初子というのは、すべての子どもの代表です。収穫の一番良い物も全体を代表する部分です。つまり、初子や収穫の一番良い物が主のものであるというのは、すべての物、すべての人は主の所有に帰するということです。そのことを明らかにするために、お前たちは収穫の一番良いところを主にささげなさいと言われたのです。自分の物にしてはいけない。そう仰せになるのです。そして、情け深い主がいつも見守っておられ、もしもその人たちが苦しめられて叫びをあげたら、必ずその叫びを聞くとおっしゃる。そういう貧しい人たちや困っている人たちは主のものですから、あたかも自分のものであるかのようにそういう人たちから搾取してはならない。利息を取ったり、あるいはもうすでに売る物も何もないのに上着をかたに取ったりするようなことをしてはいけない。それは実は主の所有を犯すことになるのです。

この主なる神が、「初子は私のものだ。収穫の一番良いところは私のものだ」と言われる。「主の特権」と呼ばれています。こうした法を「主の特権法」と呼びます。私たちに対して主なる神が特権を持っておられる。主とイスラエルの関係というのは、イスラエルがイスラエルとして存在することによって、神は神であられるのです。神が神であられるためには、イスラエルがイスラエルでなければならない。神はこのイスラエルに一所懸命になっておられる。イスラエルがイスラエルであることによって、初めて神は神だというほどまでに、イスラエルのために一所懸命な神さまなのです。その神の一所懸命に、イスラエルは応えなければいけない。すべてを投げ出して一所懸命であられる神を受け入れて初めて、イスラエルもイスラエルになる。そして、イスラエルをイスラエルとするために、主はその全人格を傾けてくださったわけですから、それについて恵みが足りないと言ってはならないのです。

私たちに与えられている財産は、すべて主が恵んでくださったものです。しかし、私たちはときどき誤解をします。私たちが恵まれているのは、主に恵まれるにふさわしいからだ。恵まれない人は、信仰が足りないのだ。そう思い込んでしまう。信じて祈ったら、これだけの恵みが与えられた。それは結構なことです。大事なことです。でも、その裏返しは成り立ちません。与えられない人は、祈りが足りないということにはならないのです。私たちが信じて救われているというのはどういうことかというと、私たちの中にそういう恵みを与えられるにふさわしいものがあったからではありません。私たちの信仰が足りているから、これだけの恵みを受けているのでもありません。

私たちにはただ信じるということしかないのです。ただイエス・キリストの恵みによって、今の私がこうしてあるにすぎない。それ以外に私を私たらしめているものはない。私の中に救われるふさわしさはない。そういう状態が信仰です。そこにおいては、私がふさわしいから、これだけのものが与えられていると言って、その恵みにしがみつくことは許されていません。私たちはときどき、それが自分のふさわしさによると思い込んでしまうのです。自分の力によって神さまからいただいたのだと思ってしまう。そうすると、「もっと、もっと」という気持ちになります。そして、貧しい人たちはそれにふさわしくないと思いたくなる。そういう人たちに、自分が与えられている恵みを分けたいと思わない。けれどもこれは、主なる神から見れば、主のものを盗んでいることになる。十戒は、主のみ前で「盗むな」と教えます。盗みは主のものを盗むことです。聖書はそれをさらに解説して、主が愛しておられる私たちも、そして貧しい人たちも、この恵みはただ主が与えてくださったものであって、自分で得たものではないということを繰り返し確認するのです。

# 第23回　偽証するな
## ——裁判を正しく行うことは隣人を愛すること

### 隣人との関係で

十戒は、二枚目の板に入って、「殺すな」「姦淫するな」「盗むな」という短い三つの戒めを並べます。何を殺すことを禁じているのか、何を盗むことを禁じているのか、という説明は付きません。よく考えないとわかりません。けれども、いずれにせよそういう言葉で表されている行いを無条件に禁止しています。この三つの戒めに続いて、十戒の最後の二つの戒めにはいずれも「隣人」という言葉が用いられていて、隣人との関係でしてはいけないことを教えます。

最後の二つと申しましたが、カトリック教会やルター派の教会では、初めの二つの戒め——「ほかに神があってはならない」と「お前のために彫像を造ってはならない」——を偶像崇拝の禁止として一つと数えますので、その代わりに「隣人の妻をむさぼるな」と「隣人の家を欲しがるな」という戒めを分けて考えます。ですから、隣人との関係を規定している戒めは、最後の二つではなくて、三つということになります。

そこで最初に、改革派の教会が最後の二つの戒めとしてきた出エジプト記二〇章の十戒をそのまま引用してみます。その最後の二つを隣人に関する戒めとします。こう言われています。

「お前は答えてはならない、お前の隣人について偽りの証人として。お前はむさぼってはならない、お前の隣人の家を。お前はむさぼってはならない、お前の隣人の妻を、また、彼の僕と彼のはしためと、また彼の牛と彼のろばと、すなわち、すべてお前の隣人に属するものを」。

（一六―一七節。私訳）

カトリック教会やルター派の教会の読み方は、実は申命記五章に記された十戒によく表われています。申命記の十戒の最後の三つを読んでみます。

「また、お前は答えてはならない、お前の隣人について空虚な証人として。また、お前はむさぼってはならない、お前の隣人の妻を。また、お前は欲してはならない、お前の隣人の家屋を、彼の畑、また、彼の僕と彼のはしためと彼の牛と彼のろばと、また、すべてお前の隣人に属するものを」。

（二〇―二一節。私訳）

あまり違わないように聞こえるかもしれませんが、出エジプト記では、「お前の隣人の家をむさぼってはならない」という事柄の中に「隣人の妻」も含まれてしまいます。申命記では、「隣人の家をむさぼるな」ということの前に、特別に「お前の隣人の妻をむさぼるな」という戒めが出てきます。そこで、「妻をむさぼるな」ということと「家を欲しがるな」ということが二つに分かれているわけです。

## 偽証の問題

さて今日は、隣人に関わる戒めの初めの部分、偽証の問題をお話しします。この戒めも申命記と出エジプト記では少し言葉が違います。出エジプト記は、普通の「偽証」「偽証人」という言葉です。偽りの証人として証言してはならないというのです。これに対して申命記の十戒は、「虚しいこと」という言葉をわざわざ使います。この「虚しいこと」という言葉は、あの「主、お前の神の名を虚しいことのために唱えてはならない」という命令で使われているのと同じ言葉です。お前の隣人について、虚しいことの証人として、証言してはならない、という言葉です。ですから、この「虚しい」とか「空虚な」という言葉には、「悪用する」とか「乱用する」という意味が込められています。

出エジプト記も申命記も、偽証とか証言の悪用ということですから、裁判に関する戒めです。今日、私たちは裁判に関わることはほとんどありませんけれども、昔の小さな村や町での裁判というのはかなり日常のことであって、小さな村や町でお互いに顔を見知った中での裁判です。もちろん、判断の基準になる法がいくつかあって、その間に齟齬や重大な問題があった場合には、エルサレムまでわざわざ出かけて行って、そこにいるレビ人の裁判を受けなければなりませんでした。

けれども、たいていは隣人について訴えるべきことがあれば、村の長老たちの前に出て、相手を訴えます。その訴える人――今日の言葉で言うと「原告」です――の訴えが第一の証言になります。今日の日本では、そういう証言の場面というのは、何も裁判所に呼び出されなくとも日常的にあります。そのことに沿ってこの戒めを少し平たく言い換えてみますと、「公の場で他人について嘘を言ってはならない」、あるいは「嘘を言って他人を陥れてはならない」ということになります。日本でも「嘘つきは泥棒の始まり」と言いますし、私は子どもの頃に母から、「一度嘘をつくと、その後七度嘘をつかなければならなくなるよ」と戒められたことがあります。

でも、どうでしょうか。今の日本社会では、自分のした悪事や誤りを明るみに出さずに済ませたい、あるいは、必ずしも嘘とは言えないけれども大事なところを隠して自分は責められずに済ませたい、そんな言葉が横行しているように思います。特に最近は、本当は公開すべき情報を隠したり、その情報の改ざんが問題になっています。

## 自分に嘘をつかない？

最近よく耳にする言葉で、私には気になる言葉があります。それは「自分を偽ってはならない」とか「自分に嘘をついてはいけない」という言葉です。それは自分のありのままを認めなさいということだと思います。良いところも悪いところもありのまま認めて、自分に偽ってはならない。確かに情報隠しとか改ざんというのは、ほかの人には嘘と分からなくても、自分を偽ることになります。たとえば、行政府や企業の中にいて不正を知ったら、その組織の中では黙っていることを要求されても、自分に正直に正義を主張するということもあるでしょうし、それは尊いことだと思います。「自分を偽るな」という言葉は、そういう時に力になるかもしれません。でも逆に、同じような状況の中で、自分の中で整理がついてしまえば、不正とか情報隠しを見て見ぬふりをすることを許すことにもなりかねません。それは、「自分に正直に」と言うと、正義の基準というのは自分の中にしかないことになるからです。

同じように、「自分は正しいと確信している」という言葉があります。これも最近よく聞かれる言葉です。「自分は正しいと思ってやったが、結果的には人さまに迷惑をかけることになった」というような言い訳をよく聞かされます。けれども、主のみ前ではこの言い訳は許されません。もちろん、主御自らが、私たちに悪意がなければ、知らずにやったことを赦してくださるということがあるかもしれません。けれども、自分自身でそれを赦すことはできないのです。

聖書が「公の場で隣人に嘘をついてはならない」「嘘をついて隣人を陥れてはならない」と言っているのは、自分に正直であったとしても、その結果、隣人について嘘をついたことになったり、隣人を陥れることになったら、その責任はやはりお前にあると告げているのです。これは厳しいことです。

## 主の前で偽らない

それでは、「主の前で」私たちが偽りの証人になってしまうというのはどういうことでしょうか。主の前で偽証してしまったらどういうことになるのだろうか。申命記一九章では、裁判での証言のあり方をかなり具体的に定めています。もちろんこれも、裁判の中だけではなくて、私たちの日常の社会生活に応用してよいことだと思います。申命記の一九章一五節から二一節までです。まず、一五節だけ読みます。

いかなる犯罪であれ、およそ人の犯す罪について、一人の証人によって立証されることはない。二人ないし三人の証人の証言によって、そのことは立証されねばならない。

これは今日でもよく言われることです。それではその時に偽証人が現れるとしたら、どうなるのか。一八節、一九節を読みます。

裁判人は詳しく調査し、もしその証人が偽証人であり、同胞に対して偽証したということになれば、彼が同胞に対して企んだことを彼自身に報い、あなたの中から悪を取り除かねばならない。

昔の裁判では、原告（訴える側）が一番大事な証人になりますから、偽って人を訴えた時には、それは偽証をしたということになるわけです。それは相手を陥れて財産や命を奪うことを考えているわけです。そのように企んで偽証をした場合には、その企んだことを今度は自分にされなければならないということです。彼自身に彼の企みを返せということです。

ほかの者たちは聞いて恐れを抱き、このような悪事をあなたの中で二度と繰り返すことはないであろう。あなたは憐れみをかけてはならない。命には命、目には目、歯には歯、手には手、足には足を報いなければならない。

（二〇―二一節）

有名な「目には目、歯には歯」という言葉が出てきますが、実は、旧約聖書の中に、「目には目、歯には歯」という言い方が出てくるのは三か所しかありません。この三か所を見てみますと、文字通りに「目を潰されたら相手の目を潰せ」とか、「歯が欠けたら相手の歯を欠かせろ」という意味で使われているところはありません。こういう復讐は野蛮だと思われるかもしれないけれども、文字通りの復讐ではありません。自分が企んだことと報いへのバランスです。その間にきちんとした釣り合いがとれていなければならないという意味です。

この場合、偽証というのは主のみ前で明らかになってきます。証言をした人は祭司と裁判人――

この裁判人というのはたいていレビ人がなりますので、宗教の責任を持っている人です――の前で、その証言を確認してもらわなければなりません。その人たちが調査をします。主の前にきちんと立って証言をする。そういう条件がついています。主のみ前では、自分がしたことはそのまま自分に帰ってくるのです。

これは預言者などの言葉を読んでもいつも感じることです。主というお方は私たちにとっては鏡のような方であって、主に向かい合う時に、私たち自身の姿が映し出されている。私が人を陥れようとしたら、主のみ前では私自身が陥れられる。主の裁きというのはそういうことです。私たちのしたとおりに私たちに帰ってくるのが主の裁きです。私たちが人を騙せたとしても、主のみ前では、私たちがしようとしたことが、そのまま帰ってきます。

もう一つ裁判についてお話しします。証言は公正でなければいけません。裁判は公正な証言に基づいて、公正に行われなければならない。そのためにどのような裁判が求められているのかということが、出エジプト記二三章の初めに出てまいります。いろいろな決まりが出ておりますけれども、「あなたは」と言って、裁判の証言をする人に呼びかけます。まず二三章一節です。

あなたは根拠のないうわさを流してはならない。悪人に加担して、不法を引き起こす証人となってはならない。

「不法を引き起こす証人」とあります。これは空虚な証人、あるいは偽証人ということです。ですから、この最初に言われていることは十戒と同じです。それから、多数に従って証言を曲げてはいけません。もちろん、多数決がいけないということではないのです。でも、自分は本当はそう思っていないのに、多数に従って証言をしてはいけないということです。でも逆に、たとえば相手が弱者であるからといって、その人をかばうために証言を曲げてもいけない。相手がだれであれ――多数派であれ、弱者であれ――証言を曲げてはいけないというのです。

その中で注目すべきは四節と五節です。そういう争いの場面の外では、お互いに普通に隣人として一緒に暮らすことができなくてはいけないと言うのです。「敵」とか「憎む者」と言っているのは、裁判の相手のことです。レビ記一九章でもこのことが言われています。それは、隣人が不正を行ったらそれをきちんと指摘しなければならないということです。そのことを黙っていて、自分の中に恨みをためていてはいけない。

主イエスは「敵を愛せ」とおっしゃいましたけれども、その敵とはどこにいるか。まずは一番身近なところにいます。裁判の相手、あるいは日常生活の中で起こってくる争いの相手、そういう相手に対して、裁判の場を離れたら仲の良い隣人でなければいけない。隣人というのは、主の前に共に立ち得る人のことです。あるいは主の前に共に立たねばならない人のことです。その人をも主は私と同じように受け入れておられます。その主なる神のみ前で、その隣人のために、あなたは何を真実のこととして言うことができますか。

# 第24回　むさぼるな　その1

## ――姦淫や盗みとの違い

### 恵みを不足とすること

今日はむさぼりの罪についてお話しします。むさぼりの罪というのは――貪欲という言い方もありますけれども――、人間にとって一番ありがちで、しかも深刻な問題であるに違いありません。人間は自分の持っている物でなかなか満足できません。もちろん、現状に満足しないというのは良い意味もあります。自分の限界を正直に認めながらも、そこに留まってしまわずに、目標に向かって一歩、さらに一歩と前に進もうとする。自分に満足しないということが、そのまま悪いことなのではありません。自分に欠けがあることを認める。そして、信仰的に正しく言えば、その欠けをもっと満足な状態になるようにしてくださいと主に求めるのであれば良いのだと思います。けれども、私たちはしばしば、自分自身に欠けがあると思わずに、主の恵みに欠けがあると考えます。主の恵みに不足を覚えるのです。そうなると、その不足を主に補っていただくように祈り求めることがなくなってしまいます。むしろ、主の恵みに不足があるのだから、その不足な分を隣人から奪おうとするのです。私たち人間の罪は、そういうところに顔をのぞかせてきます。「むさぼるな」という戒めが、特に隣人の妻や持ち物に向けられているように、ここで「隣人」に強調が置かれているのには深い意味があると思います。この「むさぼるな」という戒めは、ささいな事柄ではありません。ここにこそ人間の罪がはっきりと現れてきます。主の恵みが不足していると考え、それを主に祈り求めるのならいいけれども、そうではなくて、隣人から奪おうとする。そういう人間の罪のありさまをよく表している話は聖書の中にたくさんありますけれども、カインとアベルの話がその代表であるように思います。

創世記四章に、カインとアベルという兄弟の話が出てまいります。カインとアベルはアダムとエバの息子です。アベルは羊を飼う者となりました。カインは土を耕す者となりました。時を経て、カインは土の実りを主のもとに献げ物として持ってきます。アベルは羊の群れの中から肥えた初子を持ってきます。ところが、主はアベルの献げ物に目を留められたけれども、カインの献げ物には目を留められなかった。アベルの献げ物だけを良しとしてお受けになった。「カインは激しく怒って顔を伏せた」と書いてあります。これはもしかしたら、カインの献げ物が良くなかったということなのかもしれません。アベルの方には「肥えた初子」と書かれています。初子をささげるというのは、これは律法で命じられていることです。

農産物の場合に何が命じられているかというと、その年の収穫の一番良い部分か、もしくは収穫を始めたその季節の初物を主に持って来るように、と書いてあります。このカインの献げ物には、そのような言葉がないので、もしかするとカインの献げ物は受け取られるにふさわしいものでなかったのかもしれません。けれども、そのことははっきり書いてありません。むしろ、主がどうしてアベルの献げ物をお選びになって、カインの献げ物を顧みられなかったかということについては、理由が示されていない。少なくともカインにはその理由は知らされていない。叱られてもいない。そして、主はカインに対してこう仰せになります。これは厳しい言葉だと思います。

「どうして怒るのか。どうして顔を伏せるのか。もしお前が正しいのなら、顔を上げられるはずではないか。正しくないなら、罪は戸口で待ち伏せており、お前を求める。お前はそれを支配せねばならない」。（六節）

## 主に問うこと

お前はそれをコントロールしなければいけない、とおっしゃった。おそらくカインはそこに神さまの側の不正を感じたのだろうと思います。これも聖書にははっきり書いていないことですけれども、そのときにカインはどうしたら良かったのでしょうか。主に向かって、「あなたが正しくない」と訴えてもよかったのだろうと思います。自分に与えられた地の産物を献げ物として持ってきたのに、なぜアベルの献げ物だけをお取りになったのか、と。そう聞いたら、主はお答えになったに違いない。「お前が正しくない」とおっしゃったかもしれない。けれども、カインは顔を伏せて、そのことを問いませんでした。

ヨブという人物が旧約聖書の中に出てまいります。ヨブは本当に正しい人でした。神さまへの献げ物も滞ったり、ためらったりすることがなかった。それゆえに、主なる神もヨブを大事になさった。けれども、そのヨブに、あるとき次々と不幸が襲いかかってくる。なぜそんなことが起こるのか。ヨブを見舞いに来た友人たちは、ヨブの中に正しくないことがあるのではないかと主張します。ところが、ヨブは友人に反論し、自分は隣人に不正を働いたことはないと主張します。自分は正しい。それにもかかわらずこのような仕打ちをするのならば、主が正しくないと言ったのです。ヨブ記三一章では、主を裁判に訴えると言っています。ヨブはそこでとにかく主に訴えたのです。そして、主からの不足分を隣人から奪うというようなことはしませんでした。

カインもそう問うべきだった。しかし、カインは顔を伏せて、最も近い隣人である兄弟アベルの命を奪いました。それはいわば、神の恵みを独り占めしようとしたのです。神の恵みに不足を感じると、隣人からその不足分を奪おうとする。それが人間の罪人としてのありさまです。そういう人間の罪人としてのあり方に主は警告を発せられています。

## 「隣人の妻をむさぼるな」の意味

この戒めを詳しく見ていきたいと思います。今までにも何度か指摘しましたけれども、カトリック教会やルター派の教会では、「隣人の妻をむさぼること」と「隣人の家を欲しがること」の二つに分けます。申命記がそのようにしています。出エジプト記の方は、「隣人の家をむさぼってはならない」という中に、隣人の妻も使用人も含めたいろいろな財産が含まれています。妻が家の一部だというのは、今日の人権意識からしますと受け入れがたいところがありますけれども、昔はそうでした。しかし、申命記は違います。妻は家とは独立のものです。この妻をむさぼるというのはどういうことでしょう。隣人の妻をむさぼるのと姦淫とは、どう違うのでしょうか。もうすでに「姦淫するな」と言われていますし、その一番大事な意味は、その隣人の結婚関係を壊してはいけないということでした。そのことと隣人の妻をむさぼるというのは、どう違うのでしょう。昔からこの「むさぼるな」というのは、具体的に姦淫をしなくても、心の中で隣人の妻が欲しいと思ったら、それはむさぼりなのだと考えてきました。これは心の中の事柄を問うているのだと。

でも、主イエスは山上の説教の中で、昔から言われていることは「姦淫するな」ということだとおおせになります。けれども、隣人の妻、あるいはそもそも女性をそういう目で見たら、それはもう姦淫を犯しているのだとおっしゃる。そのこととこの十戒の最後の戒めとは、どう違うのでしょうか。これはそうした心の中のことを問うているのではなくて、もっと具体的な事柄を描いているという学者もいます。

それはどういう話かというと、隣人の留守宅をうかがうということです。いろいろな場面がありますけれども、たとえば、メソポタミヤのハムラビ法典が発掘されて、読めるようになっていますが、その中に兵役のことが書かれています。その中に、軍隊に取られて外国に行っているその留守中の妻に言い寄ってはいけないという戒めがあるのです。留守宅を狙われるようだと、徴兵制が成り立たなくなります。だからそういうことが言われたのだと思われますけれども、十戒の最後の戒めも、具体的にはそういうことではないか。兵隊にとられている留守宅にいる妻に、悪い目的をもって親切にしてはいけないという戒めではないか。

## 「家をむさぼる」とは

それでは、「家をむさぼるな」というのはどういうことになるでしょう。実際は盗みにあたらなくても、実質的に隣人の財産を奪ってしまうことがあります。一番問題になるのは借金の利息です。

古代のイスラエルでは、借金というのは、いわゆるお金を借りるということではありません。麦を栽培するけれども、麦というのはそれほど収穫が多くないそうです。麦を売って、税金を納めて、自分たちが生活をすると、その次の年に畑に蒔くものがないということがよくあったそうです。そうすると、次の年に蒔く種を裕福な農家から借ります。そうすると、次の収穫の時に返さなければいけません。そのときに、利息は百パーセント、つまり借りた麦を二倍にして返すということがあった。そうすると、いよいよ次の年に蒔くものがなくなる。そういうことを繰り返しているうちに、子どもを奴隷に取られ、畑を取られ、最後は自分自身も奴隷として身売りをするということが起こってくる。こういうことを「隣人の家をむさぼる」という。そう解説する学者がいます。そうだろうなと思います。それから、昔は畑と畑の間に、どこまでが私の土地でどこからが隣人の土地かを示す石の標識を立てました。その石の標識をひそかに隣の方へ動かして、自分の土地を広くする。そういうこともあったようで、その地境を動かすことは申命記の中で呪われています。

　このように、この戒めは、ただの心の内側の事柄ではなくて、だからといって姦淫や盗みなどの具体的な犯罪として否定されていない、けれどもほかの人の財産を意図的に奪うことをすべて含めて「むさぼり」ということでまとめて、それを禁止するということだと思います。

　しかし、こういう悪い意図というのは、やはり、どういう心の内なのかということを問わないと分からない。しかも、そういう心を持つこと自体が悪いことだという意味もあるだろうと思います。内心の罪を問うのです。でもそれは、内心のあり方を問うてものすごく厳しい規定にしたというよりも、つまり、人間が考えてもいけないというよりも、人間のあり方や隣人との関係のあり方そのものに潜んでいる罪を問うているのではないかと思います。

　私たちのあり方の傾きを罪と言います。それをこの十戒の最後の戒めは明らかにします。私たちが主の恵みに不足を感じるときに、主に訴えるのではなくて、主から顔を背けて、隣人から物を奪うことで自分を満たそうとする。そういうあり方を十戒は指摘しているのではないかと思うのです。とても厳しいことです。人間にあれこれ禁止するというのではなくて、むしろ、あなた自身にそういう傾きがあるということをわきまえていなさいと諭す。そして、そういうことが出てこないように、きちんとその罪をコントロールしなさい。そういう戒めではないかと思います。

## 第25回　むさぼるな　その2
### ——隣人と平和であるために

### これまでのまとめ

十戒は三つの短い戒めを並べています。「殺してはならない」「姦淫してはならない」「盗んではならない」。それに続いて、最後の二つの戒め——カトリック教会やルター派の教会では三つの戒め——は、いずれも隣人との関係を強調します。

「お前は答えてはならない、お前の隣人について、偽りの証人として。お前は欲しがってはならない、お前の隣人の妻を。お前はむさぼってはならない、お前の隣人の家を」。（私訳）

「殺すな」「姦淫するな」「盗むな」という短い三つの戒めは、これ以上簡単にならない戒めです。「殺すな」というのは、だれを殺してはいけないというのでしょうか。「姦淫」とは何でしょう。男女の肉体的な関係がすべてだめだということではないはずです。それならどのような関係がいけないのでしょうか。「盗むな」と言いますけれども、何を盗んではいけないのか。どの戒めにも定義や限定がありません。それぞれの戒めの意味については今までお話ししてきましたけれども、これらの短い戒めもみな隣人との関係を守るためでした。たとえば、「殺すな」とはだれを殺してはならないのかと言われれば、要するに隣人を殺してはいけないということなのです。

生きとし生けるものを殺してはならないというのではありません。動物を指すのであれば、ほかの「殺す」という言葉を使います。動物を殺して食べることや犠牲としてささげることは、この地上では許されています。死刑の問題もあります。死刑については、聖書では死をもってしか償うことができない罪があると考えていますから、ここで言う「殺すな」という戒めはあてはまらないと言われています。死刑についても別の「殺す」という言葉を使います。戦争についても同様です。戦争もここに使われている「殺すな」という言葉ではカバーできません。もちろん、預言者が戦争のなくなった世界を描き出しますし、主イエスは「敵を愛せ」と仰せになりました。けれども、十戒そのものは戦争を問題にしていません。要するに、十戒が禁じているのは、隣人を正しい手続きによらずに殺してはならないということなのです。

ここでは「隣人を殺してはならない」と書かれていないところが大事で、そういう定義や限定がないことによって、かえっていろいろな意味を見出すことができます。イスラエルの社会の中だけではなくて、地域や時代を越えて適用できる幅があります。それでは逆に、偽証の問題やむさぼりの罪については、ことさらに「隣人」に注目するのはなぜでしょうか。「隣人」とは何でしょうか。

偽証の問題では、隣人とは同じ信仰によって同じ主の前に立ち得る人のことであると考えられます。私たちはこの隣人たちとともに主の前に立たなければならない。その人をも主は受け入れておられる。その人を受け入れておられる主のみ前で、その隣人のために、あなたは真実を言わなければならない。終わりの日に主の前に立った時に、あの時のあの証言は真実であったと言えるかどうかを考えて証言をしなさいという意味です。

むさぼりについても、隣人とは同じ神の恵みのうちにある人のことです。自分が主なる神からいただいている恵みに不満を持って、その不足していると思う分を、主なる神に求めるのではなくて、隣人から奪い取る。それがむさぼりです。そこに罪があると考えられています。

でも、そうだとすると、十戒の最後の隣人に関わるいくつかの戒めは、同じ主を信じる者たちの間でしか意味を持たないのでしょうか。イスラエルの中だけでしか通用しないのでしょうか。

## 隣人とはだれか

新約聖書のルカによる福音書一〇章に、主イエスがお話しになった隣人についての譬え話があります。教会では「良きサマリア人の話」と呼ばれています。読んでみましょう。ルカによる福音書一〇章二五節から三七節までです。新共同訳で読んでみます。

すると、ある律法の専門家が立ち上がり、イエスを試そうとして言った。「先生、何をしたら、永遠の命を受け継ぐことができるでしょうか」。イエスが、「律法には何と書いてあるか。あなたはそれをどう読んでいるか」と言われると、彼は答えた。「『心を尽くし、精神を尽くし、力を尽くし、思いを尽くして、あなたの神である主を愛しなさい、また、隣人を自分のように愛しなさい』とあります」。イエスは言われた。「正しい答えだ。それを実行しなさい。そうすれば命が得られる」。しかし、彼は自分を正当化しようとして、「では、わたしの隣人とはだれですか」と言った。イエスはお答えになった。「ある人がエルサレムからエリコへ下って行く途中、追いはぎに襲われた。追いはぎはその人の服をはぎ取り、殴りつけ、半殺しにしたまま立ち去った。ある祭司がたまたまその道を下って来たが、その人を見ると、道の向こう側を通って行った。同じように、レビ人もその場所にやって来たが、その人を見ると、道の向こう側を通って行った。ところが、旅をしていたあるサマリア人は、そばに来ると、その人を見て憐れに思い、近寄って傷に油とぶどう酒を注ぎ、包帯をして、自分のろばに乗せ、宿屋に連れて行って介抱した。そして、翌日になると、デナリオン銀貨二枚を取り出し、宿屋の主人に渡して言った。『この人を介抱してください。費用がもっとかかったら、帰りがけに払います』。さて、あなたはこの三人の中で、だれが追いはぎに襲われた人の隣人になったと思うか」。律法の専門家は言った。「その人を助けた人です」。そこで、イエスは言われた。「行って、あなたも同じようにしなさい」。

この箇所で大事なのは、主が律法の専門家に投げかけられた最後の言葉です。「あなたはこの三人の中で、だれが追いはぎに襲われた人の隣人になったと思うか」。律法の専門家は答えます。「その人を助けた人です」。主イエスはおっしゃいました。「行って、あなたも同じようにしなさい」。

この話は、「永遠の命を得たければ、隣人を愛せよ」と言われた律法の専門家が、自分を正当化したくて、「わたしの隣人とはだれですか」と尋ねたことから始まります。ところが主イエスは、その問いには直接お答えになりませんでした。「お前の隣人はここにいる。こういう人を助けなさい」とはおっしゃらなかった。そうではなくて、この時に愛されなければならなかった人を、だれが愛したのかを問題になさいました。愛されなければならなかった人にとって、隣人になったのはだれであったかを問われたのです。議論が逆転しているのです。「私が愛すべき隣人とはだれのことですか」と聞かれて、「愛されなければならない人の隣人になったのはだれであったか」と問われた。そのように話を逆転させてしまいます。そして、話を逆転させておいて、律法の専門家の問いに答えるのではなく、「行って、あなたも同じようにしなさい」と命じておられます。この律法の専門家は、だれが愛の対象であるか分かっていても、自分が愛することは考えていなかった。それで主は仰せになります。「あなたはこの三人の中で、だれが追いはぎに襲われた人の隣人になったと思うか」。答えは明らかです。問うべきことではありません。そして、「行って、あなたも同じようにしなさい」。そう主は命じられました。

私たちの心の中にも、「隣人を愛せよ」と言われると、「隣人とはだれか」と言って逃げたくなる気持ちがいつもあります。助けを必要としている隣人はいつでも私たちの周りにいます。私たちは、自分で自分の隣人を決めてしまって、主のご命令から逃げてしまうのです。それが私たちの現実ではないかと思います。その私たちに対して、隣人とは主がお示しくださるのであって、「隣人を愛せよ」と言われたら、だれを愛さなければならないか、だれの隣人にならなければならないかはその時に明らかにされる。だから、「行って、あなたも同じようにしなさい」と主は仰せになります。

「むさぼるな」という戒めでは、隣人とは、もちろん書いてあることから明らかなように、それこそ家族や財産を持っていて、隣の土地と自分の土地が境を接しているような、文字通りお隣さんのことです。そして、十戒が本来考えているのは、そのお隣さんも同じ信仰を持っていて、同じ主のみ前に立つ人だということです。けれども、今、主イエスがサマリア人の譬えでお示しくださったような隣人というのは、私たちが日常の生活で出会うような人に違いありません。最近の都会では、隣の人が何をしているのか知らない場合がほとんどです。隣人関係は希薄です。そのことが問題だと言う人もいますけれども、逆に、田舎の生活での近所付き合いが煩わしくて、都会の隣人関係の希薄さに憧れて上京する人もいます。私たちは、隣の人が同じ信仰を持っているかどうかよりも、むしろ隣人は遠い人であってほしい、関係のない人であってほしいという思いを持ちながら生活をしているのではないかと思います。

## 主にあって近い人

「隣人を愛せよ」、あるいは十戒のようにもっと具体的に「隣人の家をむさぼるな」と言われたときに、私たちはそれを実践しない言い訳として、「隣人とはだれか」と問うのです。確かに、同じ信仰を持って、同じ主のみ前に立つ人のことを、私たちはまず考えなければならないと思います。

けれども私たちは、それと同時に、将来のことも考えなければいけません。隣人ということを思うときに、将来のことまで考える。私たちの隣人がすでに決まっていて、あるいは自分で決めてしまって、その人を愛するというのではなくて、もしかしたら将来、その人が本当の意味で隣人になることを思いつつ、隣人を愛さなければいけないのではないでしょうか。自分が知らなくても、もしかしたら文字通りお隣さんがどこかの教会に属する人であるかもしれない。そしたら、そのことが分かったときに、お隣さんは隣人になりますね。あるいは、今はまだそういう意味では隣人でなくても、私たちが「むさぼるな」という戒めを実践することによって、近い将来、その文字通りのお隣さんが、本当の意味での主にある隣人になるということを考えてよいのではないでしょうか。

そもそも人間の生活というのは、何がしかの犠牲を隣人に強いているものです。そのことをお互いに分かり合えないと、隣人関係はただただ煩わしいものになります。私たちは現実にお互いに迷惑をかけ合い、犠牲を強いつつ生きていますけれども、その中で、本来求めてはならない犠牲を知らず知らずにお隣さんに求めていることはないだろうか。そういうことを考えてみたいのです。「むさぼるな」というのは、隣人の生活の領域を犯すなということです。知らず知らずに隣人の生活領域を犯していないでしょうか。あるいは、そういう犠牲を隣の人に押し付けていないでしょうか。そのことをよく考えながら、具体的に何かを話し合うのでなくても、隣人の生活の領域を守る生活を自分もしてみる。そういう生活の中で、お隣さんがいずれ福音にあずかることができるように祈り続ける。そういうことがあって良いのではないだろうかと思います。

隣人だからむさぼらない、隣人だから愛する、というのではなくて、むしろ、むさぼらない生活、愛するというとちょっと大げさかもしれないけれども、そのお隣さんのために祝福を祈り、そして、いずれ同じ主の前に立つことを望み見て祈る生活を私たちがすることによって、本当の隣人を造り出していくことができるのではないでしょうか。信仰において知らず知らずのうちに良きサマリア人になるのではないかと思うのです。

十戒の最後の二つないし三つの戒めは、隣人が隣人としてすでに存在していて、隣人の権利を守るものであるということに違いないのですけれども、しかし、この戒めを実践することによって、私たちは本当の隣人を得ていくのです。なぜ、この戒めがことさらに「隣人」を取り上げるのかは、すでに与えられている隣人を愛するのみならず、むしろこれから本当の隣人を得ていくための道しるべだと言って良いのだと思います。

# 第26回　まとめ　その1

## ——神を愛することと隣人を愛すること

### 二枚の板

ひと通り、十の戒めを見てきました。十戒は聖書の中では出エジプト記二〇章と申命記五章に書き留められています。申命記の五章二二節、あるいはイスラエルの罪によって最初に授けられた十戒が破棄されてしまって、もう一度同じ言葉が授けられることを描いている九章一〇節とか一〇章四節を見ますと、十戒の言葉は、主御自らがこれを二枚の石の板にお書きになって、モーセに授けられたと言われています。二枚の板なのです。

一枚目の板は主なる神との関係についての戒め、二枚目は人間関係の戒めが書かれたのだろうと考えられています。考えられているというのは、二枚の板にそれぞれ何が書かれていたのかは聖書に書いていないのです。十戒をよく見ますと、なるほど、内容は二つに分けられる。一枚目と二枚目は、そのように分けて書かれたのだろうと考えられるわけです。

どこまでが一枚目の板でしょう。多くの人は「父母を敬え」というのは人間関係のことだと考えて、私たちの数え方で言うと、第一から第四までが一枚目、そして第五から第十の戒めが二枚目だということになります。カトリックやルター派の教会では、「ほかに神があってはならない」というのと「彫像を造ってはならない」というのを一つに数えますから、その偶像崇拝の禁止と、「主の名をみだりに唱えてはならない」、そして「安息日を守れ」というところまでが第一の板になります。つまり三つが第一の板で、あとの七つが第二の板ということになります。

アウグスティヌスという神学者は神の三位一体をとても大事に考えました。それで一枚目の板は三位一体を象徴する三つの戒め、二枚目は七という完全数になる、と言っています。私自身は、父母の戒めについて、これは主の救いの歴史を伝える者であるがゆえに父母を重んじるものだと考えます。そうなると、どうもこれも一枚目の板に属するのではないかと思えるのです。それならば二枚の板は五つずつ戒めが並ぶことになります。そして、一枚目の戒めにはどれもその戒めを守ることの意味が語られています。二枚目にはそういう勧めの言葉は付いていません。そういうことからして、父母を重んじるというのは一枚目で、あとの「殺すな」「姦淫するな」「盗むな」以下、五つの戒めが二枚目になります。これは教会の十戒理解の伝統と異なりますので、自分はこう思うのだけれど、くらいに留めておきます。

さて、新約聖書には十戒全体を書いているテキストはどこにもありません。「十戒」という言葉も出てこないのです。ただ、二枚目の板の戒めをもって十戒全体を代表させるということが繰り返し言われています。もちろんそれは旧約にもすでにあります。たとえば、エレミヤ書七章九節では、十戒によってイスラエルの罪を告発しています。

「盗み、殺し、姦淫し、偽って誓い、バアルに香をたき、知ることのなかった異教の神々に従いながら、わたしの名によって呼ばれるこの神殿に来てわたしの前に立ち、『救われた』と言うのか」。

十戒の「殺すな」「姦淫するな」「盗むな」という順序は、実はエレミヤの伝承では違います。「盗み、殺し、姦淫し」という順序になっていますが、その後に、「偽って誓い」という言葉があって、これらはみな十戒に使われている言葉そのものです。その後に、一枚目の板を要約するような言葉が出てきます。バアルに香をたき、知ることのなかった異教の神々に従う。そういうことをしながら神殿に来て、救われたというのはどういうことかと、エレミヤは人々を批判するのです。

新約聖書では、主イエスが十戒の二枚目の内容をもって全体を代表させるような教えをなさいます。富める青年が主イエスのところに来て、「永遠の命を得るにはどうしたらいいか」と聞く場面が出てきます。マタイによる福音書一九章一八節、一九節に、主のお答えが出てきます。

イエスは言われた。「『殺すな、姦淫するな、盗むな、偽証するな、父母を敬え、また、隣人を自分のように愛しなさい』」。

富める青年は、「そういうことはみな守ってきました」と答えます。

さて、こういうふうにして十戒を二枚目の板で代表させて語ることは、使徒パウロもしております。ローマの信徒への手紙一三章九節にこのような言葉があります。

「姦淫するな、殺すな、盗むな、むさぼるな」、そのほかどんな掟があっても、「隣人を自分のように愛しなさい」という言葉に要約されます。

## 二枚目の板

主イエスもパウロも、十戒の引用を第二の板で行いました。そして、もうお気づきの方があるかもしれませんが、主イエスもパウロもこの第二の板をさらに要約して、「隣人を自分自身のように愛しなさい」という戒めを思い出させています。これは旧約聖書のレビ記一九章一八節の戒めです。

このレビ記一九章の戒めについては、「あなた自身のように」というのをどう理解するかで議論があります。ある学者は「あなた自身のように愛せよ」ではなくて、「あなたと同じ者である隣人を愛せよ」というふうに読むべきだと言います。隣人というのはイスラエルの同胞のことである。だから、「あなたと同じ者であるあなたの隣人を愛せよ」と訳すのです。しかし、実はこのレビ記一九章をずっと後の方まで読みますと、三四節に「他国人を愛しなさい」という戒めが出てきます。

「他国人」というのはもちろん、自分の町に住んでいる他国の人のことですけれども、「他国人を同じ国に生まれた者のようにし、あなた自身のように愛しなさい」と命じます。ここでは「同じ国に生まれた者のように他国人を愛しなさい」と言った上で、「あなた自身のように」と言います。ですからこれは、「あなたと同じ者である彼を愛せよ」とは読めません。やはり、「自分自身のように愛せよ」と読むしかありません。

旧約聖書の中にダビデ王という人物が出てまいります。そのダビデを深い友情をもって守ったヨナタンという人物が出てまいりますが、ヨナタンはダビデを「自分の命のように愛した」という言葉があります。命に代えてもいいというほどの関係を意味しています。

レビ記においては、あなた自身のように、自分の命に代えても良いほどに隣人を愛せよ、というのは、同胞が間違ったことをした場合に、黙っていて、自分の中にうらみをためていてはいけないのであって、きちんとそれは間違っていると指摘してやりなさいという具体的な中身が加えられています。旧約聖書ではそういう限定された意味を持っていましたけれども、新約聖書においては、主イエスによって、隣人愛というのは、強盗に襲われた人に対して助けの手を差し伸べたあのサマリア人のように、すべての隔てを乗り越えて、同胞の枠をも取り払って、敵を愛する関係になりました。まさに、隣人愛の戒めによって私たちは本当の隣人を造り出すことができるようになったのです。

## 第一の板

さて、第二の板は「あなた自身のようにあなたの隣人を愛しなさい」という戒めによって要約されるのですけれども、第一の板はどうでしょうか。新約聖書の中で、十戒を第二の板に代表させて語るということはよく出てくるわけですが、では、もう第一の板は言われないのでしょうか。いや、そんなことはありません。主イエスが富める青年に対して、「隣人を自分のように愛せよ」という命令を確かめられますけれども、そのすぐ後のところで、主イエスご自身が「一番大事な掟は何か」と尋ねられて、このようにお答えになりました。これはマタイによる福音書二二章三四節から四〇節までに書かれてあることです。

同じような問答は、あの良きサマリア人の話の最初にも出てまいります。主イエスはお答えになります。

「『心を尽くし、精神を尽くし、思いを尽くして、あなたの神である主を愛しなさい』。これが最も重要な第一の掟である。第二も、これと同じように重要である。『隣人を自分のように愛しなさい』。律法全体と預言者は、この二つの掟に基づいている」。

「律法全体と預言者」というのは、要するに旧約聖書のことです。旧約聖書の全体はこの二つの戒めに基づいている。あるいは「旧約の一番大切なのは何ですか」と聞かれたら、「この二つに尽きる」と主イエスは仰せになったのです。実を言うと、旧約の全体はこの二つの戒めに尽きるという教えは、主イエスのオリジナルではなくて、もうユダヤの人の信仰の中にあったことです。「心を尽くし、精神を尽くし、思いを尽くして、あなたの神である主を愛しなさい」と「隣人を自分のように愛しなさい」という、この二つの戒めに聖書は尽きるという信仰は、すでにユダヤ人たちの中にもありました。主イエスもまた、旧約はそこに尽きるとおっしゃったのです。ですから、キリストを信ずる者たちの教会が十戒を重んじるというのは、主イエスが重んじておられたからに違いありません。

この第一の板の要約は、申命記六章五節に出てくる言葉です。これももともとかなり具体的な意味があります。「神を愛する」というのは、ほかの神々に心を奪われないということです。どこまでも主のみ言葉に従い、主のお名前によってすべてのことをなし、わき目をふらずに、ただただ主に仕える。そういう生活を「主を愛する」と言います。主が私たちに対して、まさにそのように誠実であってくださったがゆえに、私たちも主に対して誠実を尽くす。それが主を愛することです。

主イエスはこの第一の板の要約として申命記六章を引用なさり、「第二もこれと同様である」とおっしゃって、レビ記一九章一八節を引用なさいます。これはもちろん、第一の板が第二の板の前提になるということです。私たちは隣人を愛する生活に召されています。パウロも、私たちはイエス・キリストを信じる信仰によってのみ救われると強調した後で、しかし、「律法は隣人を愛することに尽きる」と言いました。それはまず、信仰のこと——第一の板の事柄——がはっきりして、そのことによって同時に第二の板のことが行われる、ということに違いありません。
けれども、そういうふうにしながら、やはり主イエスもパウロも第二の板の具体的なことを引用します。主を愛するということの具体的なことはあまりおっしゃらずに、具体的なことを言う時には、第二の板のことをおっしゃる。これはどういうことなのでしょうか。それは、第二の板のことをやってみると、第一の板に指し示されている主なる神がどのようなお方であるのかがよく分かるということではないかと思います。主を愛するというのはどういうことであるのか。それは、第二の板のことをやってみるとよく分かるということではないでしょうか。

こういうことを話していると、私が以前に教会学校の教師をしていた頃のことを一つ思い出します。キリスト教主義の学校に入ったために教会に通うようになった一人のお嬢さんがいました。そのお嬢さんのお父さんは、教会とは全く縁のない人で、お嬢さんが教会に行くことをあまり快く思っていなかったらしいのです。ところがある時に、教会学校の礼拝にそのお父さんがやって来ました。様子を見に来たのです。礼拝が終わり、分級が終わって、そのお父さんに感想を聞きました。そうしたら、その方がこういうことをおっしゃいました。「祈りを聞いて驚いた」。祈りのどういうところに驚いたかというと、「来ていない人のためにも祈ったことだ」、と。「普通の世の中では、ある会をして、その会に来なかった奴は呪われる。でも、教会に来てみたら、来てない人の祝福を祈った。驚いた」。そうおっしゃいました。

教会に行ってみて、どういうとりなしの祈りがなされているのか、どういうふうに隣人が愛されているのかを見たときに、そこで拝まれている神さまとはどういう神さまなのか、神さまを愛するとはどういうことなのか、それが分かるのではないかと思うのです。そういう意味で、私たちの十戒が神を愛することと隣人を愛することに要約されて、しかも隣人を愛することによって、神を愛することが分かるという順序を取っていることには、深い意味があるのです。

## 第27回 まとめ その2

### ――なぜ「戒め」なのか

### 十戒は戒めか?

十戒の話も最終回になりました。放送の期間中に何人かの方から、「十戒というのは命令とか戒めではないのだと聞いたことがあるけれども、どうなのだろうか」というご質問をいただきました。どういうことかというと、たしかに、十戒の原文は「~をしてはならない」と聖書には訳されていますけれども、それは実は命令形の言葉を用いていないのではないか、という説明がよくあります。むしろ、現在形あるいは今も継続している状態や動作を表す言い方なのだと。こういう動詞を未完了動詞と言います。十戒に用いられているのは未完了動詞です。そのまま訳すならば、「お前にはほかに神はない」「お前にはほかに神はないはずだ」となる。あるいは「殺してはならない」は、「お前は殺さない」「お前は殺さないだろう」と訳すべきだというのです。

私はこの説明の中に十戒の本質を表しているところがあるとは思いますけれども、でも、いくつかの誤解も含まれていると思っています。どの点が正しくて、どこが誤解なのか。最終回に改めて順序立てて申し上げたら、十戒の本質を確かめることができるのではないかと思います。

十戒が命令ではないという説明は、最近よく耳にする説明です。特にこの数年、キリスト教の信徒向けの雑誌や教会学校の教案などで、よく十戒が取り上げられるようになりました。そこで命令ではないのだという説明がなされるようになってきました。命令でないとはどういうことなのだろうかというと、十戒はあなたの自由を縛る言葉ではないというのです。むしろ問題提起なのだというのです。あなたは自由だ。自分の生きたいように生きてよい。ただ、そのあなたにとって、ほかに神さまはないし、あなたならば人を殺したりはしないのだ。そのような自由な生活の中で、しかし、考えてみたらよい問いかけを十戒はしているのだという説明なのです。

信仰者や信じようとして道を求めている人には、聖書に「～をしてはならない」という厳しい戒めがあるのは、聖書を読みにくくしているのかもしれません。聖書は私たちを自由にしてくれるものではないのか、と思う方が多いでしょう。けれども、現実にはかなり厳しい命令があります。それは旧約聖書だけではないのか、新約には命令はないのではないのか、と言われるかもしれませんが、主イエスもまた相当厳しい方です。十戒よりももっと厳しい命令をなさる方です。

私は、十戒は命令ではなく、むしろ人間の自由な生活を前提にして、それへの問いかけなのだという説明はちょっと違うのではないかと思っています。もちろん十戒の初めには、「私は主、お前の神。すなわちお前を導き出した、エジプトの地から、奴隷の家から」という主なる神の呼びかけがあって、その神さまに解放していただき、自由にしていただいたということであれば、その神さまの前で自分はほかに神がなく、自分は殺さないはずの人間なのだと解説されれば、それは確かにそうだろうと思います。けれども、十戒を人間の自由から説明し始めてしまうと、どうもそこにせっかく呼びかけていらっしゃる神さまがいなくなってしまうように思うのです。人間が、自分の都合のいいところだけを聞いているのではないかという気がしてくるのです。

## 人間の現実

主なる神が共にいてくださって、私たちの生活を保証してくださる。もしそれでいいのならば、なぜ主イエスは私たちのために十字架にかからなければならなかったのでしょうか。私たちは確かに、主なる神が「お前の神だ」とご自分のことをおっしゃってくださったがゆえに、ほかに神のない者になったし、あるいは殺さないはずの人間になりました。けれども、それにもかかわらず、主は私たちに「殺すな」「ほかに神を持つな」と命令なさる。なぜでしょう。それは、私たちが十戒の命令を呼びかけてくださる神の前に、一人の罪人として立たなければならないという現実を見れば分かります。

十戒には「～をしてはならない」という行いを禁止する文と、「～をしなさい」と命令する文の二つがあるわけですが、まず「～をしてはならない」と訳される文は、確かによく言われるように未完了形の動詞なのです。普通は現在のこと、今も終わらずに続いていることを述べるのに使います。けれども、この動詞の形には実は二つあります。短い形と長い形があって、普通に事柄を物語る形というのは短い形です。これに対して長い形は命令的現在と言って、「どうしてもそれはすべきだ」とか、「してはいけない」という意味があります。これはヘブライ語だけではない、セム語族全般にそうだと言われています。「お前は殺さない」。それは非常に強い命令です。実は今、長い形だと言いましたけれども、短い形の未完了動詞というのは、やはり命令や禁止に使うことがあります。それはしかし、「今それをしないでくれ」とか「~をしてほしくはない」という意味なのです。それに対して長い形のものは、「どうしてもそういうことをしてはならない」「あってはならない」という命令文です。ですから、もしも十戒がただの問題提起ならば、その短い形を使ったら良かったのです。しかし実際はそうではない。十戒は、やはりどうしてもしてはいけない命令を語っているのです。

もう一つの積極的な「~をしなさい」という命令はどうか。安息日の命令は、これは不定詞と言って、「~をすること」という形の言葉です。どうでしょう。日本語でも「~をすること」というのは命令ではないでしょうか。「手を洗うこと」とか「窓を閉めること」などと食堂に書かれていたら、それは命令です。そういう形の文です。さらに「父母を敬え」。これは命令形です。

ヘブライ語の十戒の言葉は文法的には未完了動詞です。それは「~をしない」「~をしないはずだ」と訳すべきではありません。その未完了の形というのは命令を表すのです。だから、やはりきちんとテキストを読んだら、これは命令なのだということをわきまえないといけません。もしかすると、先ほど触れたように、神さまとの関係が先にあって、それで私たちのあり方が決まっているのだということを強調するために言ったことが、「これは命令形ではない」というところばかりが独り歩きしてしまったのかもしれません。しかし、やはり命令と読むしかないだろうと思います。

十戒がやはり命令だというのは、どういう意味を持つのでしょうか。主イエス・キリストの福音は戒律ずくめの生活から私たちを解放しました。戒律を守るか守らないかでお互いを裁いたり縛ってしまう時代は終わりました。けれども、主イエス・キリストのみ前で、あなたはなぜ十字架におかかりになったのですかと問いながら、自分の姿を見れば、罪人としての自分の姿が現れてくるに違いありません。十戒を考えるときには、何よりも先に主との関係があって、その上で十戒を読むのです。もちろん、十戒が守れなければ救われないというのではありません。しかし、私たちはそこで、主の命令の前にきちんと立たなければならない。十戒は命令なのです。そして、命じておられるのは主なのです。

## 主イエスと戒め

よく考えてみると、主イエスご自身にしても、そもそも命令というのは私たちが納得するのを待たずに、「～をするな」「～をしなさい」というふうにお命じなるところがあります。ユダヤ教にしてもキリスト教にしても、もうずいぶん長い歴史を経てきています。その歴史というのは、主なる神のご命令を、自分のものとして受け止めるために費やしてきた歴史ではないかと思います。私たちだって、初めに十戒を聞いた時にはもちろん納得なんてできない。これはどう考えたらいいのだろうかという問いが起こってきます。なぜ、主はこういうことを私たちにお命じになるのだろうか。主は私たちを自由にしておいてくださらないのだろうか。そういう問いが起こってきます。特に、「父母を敬え」という命令を主の口から聞いた時には、私たちは往々にして、本当にこれに従うとはどういうことだろうかと思いめぐらさざるを得ません。命令だから、それに対して「なぜ？」と問わざるを得ない。でも、そういう時に、それを問い続けてきた教会の歴史があるのです。世の中で言われている「父母を敬え」ということとは違う。そうではない。主がここで本当におっしゃっているのはどういうことなのか。そうしたときに、それを問い続けてきた教会の歴史を私たちは持っている。そこに学ぶことも大事だと思います。

主が命じ給うたことを初めて聞いた者にとっては、それはちょっと納得しがたいものかもしれません。主は、私たちが納得するかどうかよりも、とにかく命じられるのです。そして、命令というのは、それに従ってみて――現実には従いきれなかったということもあるけれども、でも従ってみて――意味が分かる。そういうところもあります。

この放送の最初の時に私はこう言いました。まず主が招いてくださるのだから、私たちはそれに従ってみよう。主が私たちに行くべきところを示して、こうしなさいと命じてくださるのだから、それに一度従ってみよう。そういうことを言いました。主なる神の前に、その招きに従って出てみましょう。命令はやろうとしてみて意味が分かるのです。そして、キリスト教会もユダヤ教も、そうやって意味を知ってきた歴史を持っています。

## 「喜びなさい」

主イエスも私たちに厳しい命令をなさいます。私たちはたしかに主によって自由にされました。その自由にされた私たちに、それにもかかわらず主は命令をなさるのです。ですから私たちは、命令をもって私たちに語りかけてくださる主の前に一度立ってみたいと思うのです。

そういう命令の究極のものは、主イエスもおっしゃり、パウロもそれを受け継いだ「喜びなさい」という命令にあると思います。喜ぶことは、私たち人間が自分の自由で自発的にやるべきことでしょう。でも、主イエスは「喜び、喜べ」とおっしゃる。どういうことでしょう。人間が自発的に喜べることなど、たかが知れているのです。罪人は神の救いを喜べないのです。そういう私たち罪人の現実を、とにかく一度受け入れてくださった上で、私たちの罪人の現実の中からでは分からない喜びを喜ぶようにお命じになる。「喜べ」。喜べない現実の中にいる私たちに、「いや、主の救いは来ているのだから喜べ」とお命じになるのです。

パウロの手紙の一節を読んで、このお話を終わろうと思います。フィリピの信徒への手紙四節五節です。

主において常に喜びなさい。重ねて言います。喜びなさい。あなたがたの広い心がすべての人に知られるようになさい。主はすぐ近くにおられます。

# 参考文献

欧米では、十戒についての議論は一九八〇年代に大きく動きました。その時代の研究で、私たちにも読めるものは、以下のとおりです。


• F・クリュゼマン『自由の擁護――社会史の視点から見た十戒の主題』（原著、一九八三年。邦訳、大住雄一訳、新教出版社、一九九八年）。
• W・H・シュミット『十戒――旧約倫理の枠組の中で』（原著、一九九三年。邦訳、大住雄一訳、教文館、二〇〇五年）。
• J・シュライナー『十戒とイスラエルの民』（原著、一九八八年改訂。邦訳、酒井一郎・酒井宗代訳、日本基督教団出版局、一九九二年）。


それ以前のもので、今でも読む価値があるものは、以下のとおりです。


• J・J・シュタム、M・E・アンドリュウ『十戒』（原著、一九六七年。邦訳、左近淑・大野惠正訳、新教出版社、一九七〇年）。
• 大野惠正「聖句研究」『聖書と教会』九九―一一一号（一九七四年七月―七五年六月）連載。

# あとがき

本書は、二〇〇七年四月から九月まで、キリスト教放送局日本ＦＥＢＣから毎週一回約二〇分ほど放送していただいた「神のみ前に立って――十戒の心」を、録音から起こして書物にしていただいたものである。「書物にしていただいた」というのは無責任な言い方のようであるが、これには理由がある。放送は、かなり詳しい原稿を作って、それを見ながら話したのであるが、完全原稿というわけではなく、その場で言葉を加えたり、書いてあっても話さなかったりしていて、そのまま活字に載せれば本になるというものではなかった。それで話しっ放しにしておいたものを、教文館出版部の髙木誠一氏が、本にして出版しないかとご提案くださり、しかも、録音を聞いて文字に起こすという大変な労力を負ってくださったのである。そのような労力を払うお申し出をくださるほど、放送の内容を評価してくださったのが、まずうれしく、図々しくもお申し出に甘えて、「書物にしていただいた」わけである。

「放送していただいた」とき、ＦＥＢＣの当初のご要望は、「旧約を一度しっかり学びたい」ということであった。私はこのご要望をうれしく承ったが、自分に何ができるかを考え、すぐに、十戒についてお話ししたいとお答えし、受け入れていただいた。

東京神学大学修士課程での学び以来、私の研究領域は旧約律法に集中していた。テキストとしては小さく特殊である十戒に研究を限るつもりはなかったのだが、実際には十戒の歴史的な影響力を知って、十戒の現代的意味をめぐるエッセイを少なからず書いてきた。一九九二年から九六年まで四年間、日本基督教団滝野川教会の月刊誌「形成」の聖書研究に、十戒と今日の課題を結び付けた短いエッセイを連載させていただいたし、日本基督教団鳥居坂教会の修養会で十戒を学んだこともあり、その内容は「鳥居坂教会文庫」という小冊子に入れていただいた。それでFEBCでは、これまで考えてきたことをきちんとまとめたかったし、「これぞ旧約」という話をすることができるのではないかと、傲慢にも考えたのである。

しかし「十戒」は、FEBC聴取者の皆様には、ちょっと取り付きにくい話であったと思う。リアクションは、放送開始前に寄せられた。「『父母を敬え』という戒めは、どうしても聞けない」とおっしゃるのである。父親との難しい関係に悩んでおられ、もしかしたらDVを受けておられるかもしれないと心配になるEメールであった。十戒の話は、一般論を振り回して、人を傷つけてしまうことがありうると、話を始める前に学んだ。

放送が始まると、聞き手に育てられるということを体験した。FEBCの録音スタッフの方たちが、最初の聞き手になってくださり、「ああ、そういうことだったのですね」と喜んでくださったり、投書があると、その言葉を伝えてくださったりした。その反応に励まされながら、あるいは「そういう理解が可能なのだ」と学びながら、半年間、話をさせていただいた。

だから、「これぞ旧約」というのは、すでにある自分の勉強から話をしたのではなく、聞いてくださった皆様から教えられたことであった。この度の出版は、このような聞き手の皆様への感謝のしるしである。そして、繰り返しになるが、学びつつ話したものを書物の形にしてくださった髙木誠一氏に改めて感謝申し上げる。本書の文章は、聞いた人に前後のつながりがわかるように話したものだったので、録音から起こしたままでは、かなり回りくどいものであった。それで、書いたものとしてはあまりにうるさいところを少し剪定してある。この作業も、髙木氏に大変お世話になったことを申し添える。

二〇一五年一月

大住雄一

《著者紹介》

**大住雄一**（おおすみ・ゆういち）

1955年東京生まれ。東京大学法学部、東京神学大学博士課程前期修了。ドイツ・ベーテル神学校に留学（神学博士）。現在、東京神学大学教授（旧約聖書神学）。

**訳書**　F.クリュゼマン『自由の擁護――社会史の視点から見た十戒の主題』（新教出版社、1998年）、F.クリュゼマン、U.タイスマン編『キリスト教とユダヤ教――キリスト教信仰のユダヤ的ルーツ』（教文館、2000年）、W.H.シュミット『十戒――旧約倫理の枠組の中で』（教文館、2005年）。

神のみ前に立って――十戒の心

2015年2月20日　初版発行

著　者　大住雄一

発行者　渡部　満

発行所　株式会社　教文館

〒104-0061 東京都中央区銀座4-5-1 電話 03(3561)5549 FAX 03(5250)5107

URL　http://www.kyobunkwan.co.jp/publishing/

印刷所　モリモト印刷株式会社

配給元　日キ販　〒162-0814　東京都新宿区新小川町9-1

電話 03(3260)5670　FAX 03(3260)5637

ISBN978-4-7642-6989-7　Printed in Japan